Geld verdienen mit Sneaker-Reselling

Den richtigen Sneaker auswählen, kaufen und mit Gewinn weiterverkaufen

Chris Richter

1. Auflage

Geld verdienen mit Sneaker-Reselling - Januar 2021

Tulpenhofstr. 17
63067 Offenbach

Lektorat und Buchsatz: Werner Blumeyer
Autor: Chris Richter

ISBN: 978-3-9822767-0-0

Inhaltsverzeichnis

Einführung

Sneaker haben mich schon als kleiner dreizehnjähriger Junge fasziniert. Schon vor rund zehn Jahren entfachten Sneaker eine Leidenschaft in mir, da sie für mich Individualität, Mode und Extravaganz verkörperten. Als kleiner Junge war ich damals lediglich auf das Sammeln der Sneaker aus. Meine neuerworbenen Schätze präsentierte ich immer stolz meinen Freunden und Klassenkameraden. Was für ein großartiges Gefühl!

Nachdem ich immer weiter fleißig Schuhe sammelte und mein ganzes Taschengeld in dieses Hobby investierte, machte ich irgendwann eine großartige Erkenntnis, die starken Einfluss auf mein weiteres Leben hatte. Ich wollte mich von einem meiner Sneaker trennen und veröffentlichte eine Anzeige auf Ebay Kleinanzeigen. Bereits wenige Minuten nach Veröffentlichung der Annonce explodierte förmlich mein Postfach. Das Interesse an den zum Verkauf stehenden Paar Schuhen war einfach riesengroß und die Interessenten boten mir viel mehr Geld als ich für den Sneaker im Einkauf bezahlt hatte. Ich verkaufte die Schuhe dann mit einem satten Gewinn.

Man kann dieses Ereignis rückblickend wohl als Game-Changer bezeichnen. Ich lernte mehr oder weniger zufällig, dass man mit dem Verkauf von Sneaker eine Menge Geld verdienen kann. Für mich als dreizehnjähriger Junge war das eine unglaubliche Erkenntnis. Ich hatte Blut geleckt und wollte an der Sache dranbleiben.

Ich dachte mir, was einmal funktioniert, wird auch mit großer Wahrscheinlichkeit ein zweites Mal funktionieren.

In den folgenden Jahren finanzierte ich mir durch den Verkauf von Sneaker zunehmend meine Sneaker-Neuanschaffungen und wechselte immer mehr in das Lager der Reseller Gemeinde. Es gelang mir immer häufiger Sneaker zu kaufen und sie nach einer gewissen Zeitspanne mit Gewinn weiterzuverkaufen. Meine Freunde trugen die Zeitungen aus und ich verkaufte Sneaker. Ich hatte keine reichen Eltern, die mich unterstützen konnten, sondern musste das Geld für meine Sneaker selbst erarbeiten.

Für mich war klar, wenn ich mir teure Sneaker kaufen wollte, musste ich dieses Geld über den Verkauf von Sneaker einnehmen. Mich machte es unfassbar stolz und glücklich mit meinem Hobby Geld zu verdienen und infolgedessen versuchte ich immer besser zu werden im Game. Wie ein Schwamm saugte ich das Wissen über dieses Business auf, erweiterte mein Netzwerk, besuchte Messen und nahm an Campouts teil.

Heute bin ich 24 Jahre alt und meine Leidenschaft für Sneaker ist ungebrochen. Mittlerweile bin ich seit rund zehn Jahren im Sneaker Game, habe einen erfolgreichen Online-Shop für Sneaker gelauncht und seit meinem Start über 1.000 erfolgreiche Sneaker-Trades abgeschlossen.

Zeit einmal zurückzublicken, Bilanz zu ziehen und meine Erfahrungen weiterzugeben. In diesem Buch möchte ich dir das notwendige Know-How vermitteln, mit dem du Schritt-für-Schritt im Sneaker-Reselling Business durchstarten kannst.

Zunächst geht es darum, dir einen Überblick über den Sneaker Markt und über das Sneaker Reselling zu geben. Ich werde dir von den Anfängen in Amerika berichten und erläutern wie sich dieses Geschäftsmodell in den letzten Jahren in Deutschland entwickelt hat.

Im Anschluss geht es um die Frage, welche Startvoraussetzungen du für dieses Business mitbringen musst und wie viel man damit verdienen kann.

Ich werde dir die besten Schuhmarken und Schuhmodelle vorstellen, die sich besonders gut für das Sneaker-Reselling eignen und mit denen du als Einsteiger die ersten Gewinne erzielen wirst. Ich werde dir Kriterien vorstellen, an denen du erkennen kannst, ob ein Sneaker ein guter oder schlechter Deal ist.

Im nächsten Kapitel geht es um den Einkauf der Sneaker. Ich werde dir dazu verschiedene Möglichkeiten und Plattformen vorstellen und dir alle Tipps und Tricks aus meiner langjährigen Praxis als professioneller Sneaker-Händler verraten, damit du möglichst preisgünstig an Sneaker herankommst.

Neben dem Einkauf der Sneaker, spielt selbstverständlich auch der richtige Verkauf eine große Rolle im Sneaker-Business. Ich werde dir erläutern, welche Plattformen sich für den Verkauf der Sneaker eignen und wie du deine Sneakers aufbereiten und in Szene setzen kannst, damit du sie gewinnbringend verkaufen kannst.

Wenn man sich ernsthaft mit diesem Geschäftsmodel auseinandersetzt, darf man nicht die Augen vor Risiken verschließen. In diesem Zusammenhang werde ich dir auch über den Fake-Markt berichten und dir genau erklären, wie man Fälschungen erkennen und sich als Reseller davor schützen kann.

Ich wünsche dir viel Spaß mit diesem Buch!

Kapitel 1 | Der Sneaker Markt

Der erste Sneaker wurde vor mehr als hundert Jahren in den USA verkauft. Zum ersten Mal wurde in diesem Schuh eine Sohle aus Kautschuk verbaut, durch die der Schuh sehr spezielle Eigenschaften erhielt. Es war die Geburtsstunde des „Schleichers". Diesen Namen erhielt der Schuh, da man sich mit dem Schuh aufgrund der Kautschuksohle sehr leise fortbewegen konnte. Seit diesem Tag hat der Sneaker in den vergangenen Jahren einen beeindruckenden gesellschaftlichen Aufstieg hingelegt.

War es früher noch verpönt, außerhalb eines Sportplatzes Sneaker zu tragen, sind sie mittlerweile in allen Gesellschaftsschichten angekommen. Der Sneaker gehört heutzutage zum modernen Alltags-Look dazu, passt zu fast jedem Anlass und ist noch dazu sehr bequem. Vom Vorstandsmitglied bis zum Hollywoodstar trägt heute jeder gerne sportliches Schuhwerk und der Hype um limitierte Sondermodelle von Nike, Adidas und Co. war noch nie größer. Nur noch ein Bruchteil der Sneaker wird heutzutage tatsächlich für den Sport angezogen. Fast alle Käufer tragen Sneaker auch im Alltag und kombinieren ihn zu unterschiedlichen Outfits. Mittlerweile gibt es viele Webseiten, Facebookgruppen und Blogs, die sich einzig und allein dem Turnschuh widmen. Für die großen Sportschuhhersteller ist es ein Milliardengeschäft.

Doch nicht nur Männer stehen auf Sneaker. Vor zehn Jahren gab es nur sehr wenig Frauen, die Sneaker trugen. Demzufolge gab es auch viel weniger Sneaker-Modelle für

Frauen zur Auswahl. Dieses Bild hat sich komplett gewandelt und Frauen stehen Männern in Sachen Sneaker-Liebe so gut wie nichts mehr nach. Mittlerweile befinden sich im Schuhschrank von fast jeder Frau auch immer einige Sneaker-Modelle. Auch Kinder lieben es, bereits im jungen Alter sehr teure und exklusive Sneaker zu tragen. Das Interesse an Sneaker ist einfach riesengroß und nimmt stetig zu.

Den führenden Schuhherstellern beschert die Liebe zu Sneaker steigende Umsätze und Gewinne. Nike ist mit einem Jahresumsatz von mehr als 24 Milliarden US-Dollar die klare Nummer 1 im Sportschuhmarkt. Adidas hat in den vergangenen Jahren zwar aufgeholt, liegt jedoch immer noch ein gutes Stück hinter dem größten Sportartikelhersteller der Welt. Das wirkt sich auch auf die Aktienkurse der Unternehmen aus: So stieg der Preis für eine Aktie von Nike in den letzten drei Jahren um rund 100 Prozent. Für die Aktie von Adidas ergibt sich ein ähnliches Chartbild.

Die globalen Umsätze, die durch den Verkauf von Sneaker erzielt wurden, wachsen kontinuierlich. Sie beliefen sich im Jahr 2019 auf rund 62 Milliarden Euro. Gegenüber 2012 ist das ein Plus von über 100 Prozent. Weltweit wandern jährlich rund 1,3 Milliarden Sneaker über den Ladentheke. Schenkt man den Statista-Prognosen Glauben ist die Spitze des Eisbergs jedoch noch lange nicht erreicht. Ab 2021 ist mit weiter steigenden globalen Umsätzen zu rechnen.

Der weltweit größten Märkte für Sneaker sind die USA und China. Hier liegen die jährlichen Umsätze im zweistelligen Milliardenbereich. Aber auch in Großbritannien, Japan und Deutschland werden Milliarden mit dem Verkauf von Sneaker gemacht. Viele Modelle erlangen dabei Kultstatus und erzielen auf Wiederverkaufsbörsen wie Stockx Gebote im vierstelligen Euro-Bereich. Adidas meldete vor kurzem, das 100 Millionste Paar des Turnschuh-Klassikers Stan Smith verkauft zu haben.

Würde man die Schuhkartons dieser 100 Millionen Paar Turnschuhe aufeinander stapeln, würde der Turm 10.000.000 Meter in die Luft ragen.

Wie du also siehst, ist der Sneaker-Markt am Boomen und ein Ende des Hypes ist nicht in Sicht.

Kapitel 2 | Sneaker-Reselling

Soviel zur Sneaker-Statistik. Dass die Welt verrückt nach Sneaker ist und der Markt extrem am Wachsen ist, habe ich selbst am eigenen Leib erfahren. Ich kann mich noch gut an die ersten Messen erinnern, die ich vor 6-7 Jahren besucht habe. Dort trafen sich regelmäßig ein kleiner, eingeschworener, elitärer Kreis aus Sneaker-Heads zum Austausch und Einkauf. Es war damals noch ein sehr besonderes Hobby und die Messen waren noch klein und übersichtlich. Manchmal blicke ich etwas wehmütig auf diese Zeit zurück, denn heute ist alles anders.

Letztes Jahr war ich auf der größten deutschen Sneaker-Messe in Köln. Zwei komplette Tage Sneaker-Wahnsinn pur. Riesige Schlangen vor der Halle, unzählige Aussteller und Anbieter. Rückblickend ist es verrückt, welche steile Entwicklung der Sneaker-Markt auch hier in Deutschland eingeschlagen hat und wie viele Menschen mittlerweile eine Sammelleidenschaft entwickelt haben oder Reselling betreiben.

Doch was ist eigentlich Sneaker-Reselling?

Beim Sneaker-Reselling geht es darum, einen Sneaker möglichst günstig einzukaufen und ihn nach einer bestimmten Zeit gewinnbringend zu verkaufen. Wer einen guten Riecher hat und zum richtigen Zeitpunkt den richtigen Schuh einkauft, hat die Chance nach einer bestimmten Zeitspanne von einer hohen Wertsteigerung zu profitieren. Voraussetzung dafür ist, sich mit den aktuellen Sneaker-Trends auseinanderzusetzen und ein gewisses

Know-How mitzubringen. Eine Investition von ein paar Hundert Euro kann schon in wenigen Jahren eine Rendite von mehreren Tausend Euro einbringen.

Das es mittlerweile einen kleinen Sneaker-Reselling Boom gibt, liegt unter anderem auch an der zunehmenden Sammelleidenschaft, die viele Menschen entwickelt haben. Die Sneaker-Kultur hat ein unglaubliches Wachstum hingelegt. Besonders gefragt sind Modelle, die es nur in sehr limitierten Auflagen zu kaufen gibt. Die Chance ist groß, dass solche Modelle in einigen Jahren eine Wertsteigerung hinlegen. Das Investment in Sneaker, könnte sich somit als eine gute Geldanlage herausstellen. In Zeiten einer Niedrigzinspolitik und fehlender anderer alternativer Anlagemöglichkeiten, ist dies keine schlechte Idee. Die Chance auf einen satten Verkaufsgewinn führt auch dazu, dass immer mehr Menschen aktiv mit Sneaker Handel betreiben.

Angefeuert wird diese Entwicklung vom grenzenlosen Handel im Internet. Der Handel im Internet ermöglicht Millionen von Sneaker-Fans auf der ganzen Welt sich miteinander zu verbinden und auszutauschen. Der Handel mit Sneaker boomt und wächst von Jahr zu Jahr. Natürlich wurde das Sneaker-Reselling nicht in Deutschland erfunden. In Amerika gab es schon viel früher Menschen, die mit dem Sneaker-Handel Geld verdienten.

Grundsätzlich kann man mit allen Waren dieser Welt Reselling betreiben. Reseller spekulieren auf eine Wertsteigerung ihrer gehandelten Ware und erhoffen sich einen Gewinn im späteren Verkauf. Häufig ist eine Verknappung der Ware Auslöser für die beginnende Wertsteigerung. Doch nicht immer sorgt ausschließlich eine Verknappung automatisch für eine Wertsteigerung. Manchmal sorgen auch Stars mit ihrer Promotion oder Presseberichte zu einem bestimmten Produkt für einen regelrechten Hype.

Vor kurzem ist die Sony Playstation 5 für rund 550 Euro in die Läden gekommen. Kurz war Weihnachten war sie dann sehr schnell ausverkauft, weil die Verkaufszahlen explodierten. Es gab einfach zu viele Menschen, die unbedingt eine neue Playstation unter ihrem Weihnachtsbaum haben wollten.

Reseller nutzten daraufhin die Gunst der Stunde. Wer kurz vor Weihnachten auf Ebay-Kleinanzeigen eine Sony Playstation 5 kaufen wollte, musste tief in die Tasche greifen. Zeitweise verlangten die Reseller mehr als 1.000 Euro für ein brandneues Gerät.

Natürlich gibt es viele Menschen, die das Verhalten der Reseller verwerflich finden und die aufgerufenen Preise als unsozial kritisieren. Ein stückweit kann ich diese Menschen verstehen. Letztendlich sind das jedoch die unvermeidlichen Resultate unseres kapitalistischen Systems, in dem wir alle leben, bei dem das Verhältnis von Angebot und Nachfrage für die Preise verantwortlich ist.

Doch nicht nur mit fertigen Waren funktioniert das System auf diese Weise. Bei Rohstoffen wird der Preis ebenfalls aus Angebot und Nachfrage ermittelt. Egal, ob es sich dabei um Öl, Kupfer, Silber, Kaffee oder Getreide handelt.

Wenn es beispielsweise eine weltweite Überproduktion von Kaffee gibt, sinken die Weltmarktpreise für Kaffee. Eine schlechte Kaffeeernte sorgt auf der anderen Seite für einen höheren Weltmarktpreis, da weniger Angebot vorhanden ist, sich aber die Nachfrage nach Kaffee nicht verändert hat.

Doch genug davon. Da du dieses Buch in der Hand hältst bin mir sicher, dass dich eine ausschweifende Diskussion über die ethische und moralische Vertretbarkeit vom Reselling nur langweilen würde.

Wir leben nun mal in diesem System und können es eh nicht ändern. Und da ich selbst mit Leib und Seele Reseller bin, möchte ich diese Diskussion auch gar nicht weiterführen.

Wie viel Geld kann man verdienen?

Insbesondere Neueinsteiger beschäftigt die Frage, wie viel Geld man im Sneaker-Reselling-Business überhaupt verdienen kann. Natürlich gibt es auf diese Frage keine pauschale Antwort. Vergleichbar wäre es, wenn ich einen Autoverkäufer fragen würde, wie viel eins seiner Autos kostet.

Grundsätzlich kann man mit dem Reselling von Sneakers eine Menge Geld verdienen. Ich kenne einige professionelle Reseller, die einen sechsstelligen monatlichen Umsatz machen und sehr gut von ihren Einnahmen leben können. Allerdings gibt es auf der anderen Seite auch viele Reseller, die nur sehr wenig Geld verdienen und nicht wirklich vorankommen.

Eine Sache möchte ich gleich zu Beginn klarstellen: Das Sneaker-Business ist kein Geschäftsmodel, mit dem ich schnell über Nacht reich werden kann. Es gelten die gleichen Regeln, wie für alle anderen Geschäftsmodelle auf der Welt auch. Wer erfolgreich werden und viel Geld verdienen möchte, muss eine Menge Zeit, Fleiß und Willen mitbringen. Wer dazu bereit ist, dem stehen viele Türen offen und derjenige wird selbstverständlich immer mehr verdienen, als jemand der nur halbherzig und mit wenig Zeiteinsatz an die Sache herangeht.

Und natürlich geht das alles nicht von heut auf morgen. Im Sneaker Business muss man viele Jahre konstant am Ball bleiben und Rückschläge verkraften können, um viel Geld verdienen zu können. Es kann beispielsweise auch mal passieren, dass sich ein gekaufter Schuh nicht so entwickelt, wie man es dir erhofft hast. Selbst mir passiert das immer wieder. Hier gilt es, die Sache schnell abzuhaken und einfach stoisch weiterzumachen.

Fakt ist, das Sneaker-Reselling bietet für jeden Chancen und Möglichkeiten Geld zu verdienen. Nur wer in der Lage ist, gute Gelegenheiten zu finden und sie dann im nächsten Schritt auch aktiv wahrnimmt, wird dauerhaft erfolgreich sein. Glück ist, wenn Gelegenheit auf Bereitschaft trifft. Diesen Lehrsatz kann man gleichermaßen auf das berufliche und auf das private Leben anwenden. Jeder Mensch hat Gelegenheiten. Aber nicht jeder erkennt diese Möglichkeiten. Und häufig erkennen Menschen diese Gelegenheiten, nur sind sie nicht bereit, sie zu nutzen. Zwei Gründe hindern uns daran, die Gelegenheiten und Chancen zu nutzen. Diese zwei Erfolgs-Verhinderer sind Faulheit und Feigheit. Sie hindern uns daran, Dinge zu tun, von denen wir sogar wissen, dass wir sie tun sollten. Doch hätten wir eine Lösungsstrategie parat, die unsere Risiken minimiert oder auf null setzen würde, dann ist

Faulheit meistens nicht mehr das Problem und wir gehen die Sachen an.

Startvoraussetzungen im Game

Häufig treten Newbies mit der Frage an mich heran, wieviel Geld man zum Start für dieses Business braucht. Auch auf diese Frage gibt es selbstverständlich keine eindeutige Antwort.

Grundsätzlich kannst du schon mit 200 Euro starten und versuchen mit diesem Geld einen aussichtsreichen Sneaker zu ergattern. Wenn du dich für das richtige Schuhmodel entschieden hast und du es günstig erworben hast, stehen die Chancen nicht schlecht, dass der Wert des Schuhs in den nächsten 6 Monaten auf 250 Euro ansteigt.

Würdest du diesen Schuh dann verkaufen, hättest du 50 Euro Gewinn gemacht. Für den nächsten Schuhkauf hättest du dann schon 250 Euro zur Verfügung. Natürlich kannst du auf diese Weise nur sehr langsam wachsen und verdienst nicht viel Geld. Anders sieht es aus, wenn du mit deutlich mehr Kapital an den Start gehst. Wenn dir 2.000 Euro zur Verfügung stehen, kannst du zehn Paar Schuhe einkaufen und dementsprechend würdest du nicht 50 Euro Gewinn machen, sondern 500 Euro.

Wir halten also folgendes fest:

Je mehr Kapital du einsetzen kannst, desto größer können auch deine Gewinne ausfallen.

Ich rate Einsteigern aber unbedingt dazu, klein anzufangen. Ohne Erfahrung mehrere tausend Euro in ein bestimmtes Sneaker-Modell zu investieren, halte ich für grob fahrlässig und kann nach hinten losgehen. Ich bin auch kein Freund davon, sich Startkapital über einen Kredit zu verschaffen. Für Profis mag das eine Option sein, um sich mehr Liquidität zu beschaffen. Anfänger, die über wenig Einkommen und Eigenkapital verfügen, sollten um Kredite jedoch einen großen Bogen machen und lieber etwas länger Eigenkapital zum Investieren ansparen.

Netzwerk

Vieles wird in diesem Business deutlich leichter, wenn du dir erstmal ein kleines Netzwerk aufgebaut hast. Ich bekomme beispielsweise jeden Tag mehrere Anfragen von Resellern, die mir ihre Schuhe verkaufen wollen. Das verschafft mir gegenüber Einsteigern einen deutlichen Wettbewerbsvorteil. Oftmals bekomme ich von Leuten aus meinem Netzwerk richtig gute Deals angeboten, die noch nicht in allen möglichen Gruppen öffentlich gepostet wurden. Umgekehrt kann es genauso gewinnbringend sein. In meinem Netzwerk befinden sich viele Sammler, die gerne Schuhe aus meinem Sortiment kaufen und mir gute Preise zahlen, weil sie mir vertrauen und mich wertschätzen.

Ein gutes Netzwerk bietet einem auch eine gute Absicherung gegenüber Fake-Schuhe. Wenn du weißt, dass dein Gegenüber ein Ehrenmann ist, der sich an die Spielregeln im Game hält, ist das schon die halbe Miete für einen erfolgreichen An- oder Verkauf. Ich kaufe gerne Sneaker von Leuten aus meinem Netzwerk, da ich weiß, dass ich diesen Menschen vertrauen kann und sie mir keinen Fake-Schrott verkaufen werden. Insoweit ist ein gutes Netzwerk auch ein wichtiger Sicherheitsaspekt, der nicht zu vernachlässigen ist.

Wenn ich noch nie ein Geschäft mit dem Verkäufer abgeschlossen habe, informiere ich mich zumindest über ihn und frage in meinem Netzwerk nach, ob ihn jemand kennt und bereits Erfahrungen mit ihm gemacht hat. Du solltest es genauso machen.

Wie du dir ein Netzwerk aufbaust

Ein gutes Netzwerk fliegt jedoch niemanden einfach so zu. Der Aufbau eines großen Netzwerkes ist harte Arbeit, erfordert viel Zeit und ist ein langfristiges Projekt. Erwarte hier nicht zu viel für den Anfang. Rom wurde auch nicht an einem Tag erbaut.

Um ein großes Netzwerk aufzubauen, musst du vor allem aktiv sein. Geh in Sneaker-Gruppen auf Facebook, und beteilige dich an Diskussionen über neue Modelle, besuche Messen, nimm an Camp-Outs oder In Store-Raffles teil und sprich mit den Leuten. Es wird sich langfristig auszahlen.

Braucht man ein Gewerbe?

Jeder, der etwas macht, um Gewinne zu erzielen, handelt gewerblich. Wenn du also regelmäßig Sneaker an- und verkaufen möchtest, musst du dafür ein Gewerbe anmelden und entsprechend Steuern zahlen. Du kannst ein Gewerbe beim Gewerbeamt deiner Stadt oder Gemeinde beantragen. Die Kosten für einen Gewerbeschein liegen zwischen 30 – 50 Euro. Für den Anfang reicht die Kleinunternehmerregelung für dich vollkommen aus. Voraussetzung dafür: Dein Jahresumsatz muss unter 22.000 Euro liegen. Bei einem einmaligen An- und Verkauf benötigt man selbstverständlich kein Gewerbe.

Spaß und Freude an Sneaker

Das Wichtigste zum Schluss. Wer wirklich plant in dieses Business einzusteigen, der sollte sich unbedingt für Sneaker interessieren. Oder, was noch viel besser wäre: Sneaker sollten ihn faszinieren und begeistern. Wer ein Schuh lediglich als eine Wertanlage betrachtet bzw. als ein Business-Model und nicht mit Herzblut dabei ist, für den ist es eher nicht das Richtige.

Jeder Einsteiger sollte bereit sein, sich vor dem ersten Kauf mit der Szene auseinanderzusetzen. Man sollte den Markt für eine längere Zeit beobachten und nichts übers Knie brechen. Einsteiger sollten zu Beginn die Wertentwicklung eines bestimmten Schuhs über einen längeren Zeitraum beobachten. Erst wenn ihr ausreichend Erfahrung und Wissen angesammelt habt, ist es Zeit für euren ersten Deal.

Die wichtigsten Sneaker-Hersteller

Von Anfängern werde ich immer wieder gefragt welche Schuhmarken und Modelle sich besonders gut für das Reselling eignen. Bevor wir zu den wichtigen Modellen kommen, möchte ich etwas zu den Herstellern sagen. Welche Schuhmarken eignen sich also besonders für das Sneaker-Reselling?

Grundsätzlich sind hier natürlich die großen Zwei zu nennen: Adidas und Nike.

Die meisten Reseller handeln hauptsächlich mit Modellen von diesen beiden Herstellern. Hin und wieder stechen aber auch immer mal kleinere Marken hervor, die einen Hype auslösen. Häufig hängt dieser Hype dann direkt mit einer Kooperation zusammen. Wenn Stars und Celebritys plötzlich die Schuhe von einem bestimmten Hersteller tragen oder wenn Marken von Mode Influencern oder Mode Bloggern angepriesen und empfohlen werden, kann es durchaus sein, dass diese Modelle infolgedessen einen großen Wertzuwachs hinlegen.

Es kommt auch immer mal wieder vor, dass ein Sneaker-Model von Puma, New Balance oder Asics eine gute Wertentwicklung macht.

Ein Geheimtipp unter den kleinen Sneaker-Herstellern ist mit Sicherheit die Firma Sonra. Das Unternehmen aus Münchweiler wurde vom ehemaligen Soulbox Gründer, Hikmet Sugoer, vor einigen Jahren gegründet, nachdem er die Soulbox GmbH an die Firma Snipes verkauft hat. Hikmet Sugoer ist in der Sneaker-Szene eine Institution und ein echter Trendsetter.

Früher hat Sugoer auch hin und wieder Kooperationen mit anderen Schuhherstellern gemacht. Er designte zum Beispiel mal einen Schuh für Asics. Zum Verkaufsstart des Schuhs, kampierten 2008 etliche Fans drei Tage vor seinem Laden. Die meisten Schuhe von Sugoer eigenen sich perfekt für das Reselling. Seine New-Balance-Edition „One of 150“ kostete 2005 genau 150 Euro, heute wird das Paar für 1000 Euro gehandelt.

Sonra verkauft handgenähten Sneaker, die in Deutschland hergestellt werden. Die Schuhe sind sehr hochwertig und bestehen aus handgegerbtem Leder vom Weiderind. Sonra verkauft die Schuhe für 270 Euro pro Paar in ausgewählten Läden in Europa und im Internet in limitierter Stückzahl bis 300 Paar. Nach wenigen Sekunden sind sie jedoch meistens ausverkauft. Die Firma ist ein Gegenentwurf zur gleichförmigen Massenware einerseits und den Speedfactories andererseits.

Übrigens: Wie die Firma Sonra zum Thema Reselling steht, wird sehr deutlich, wenn man ein bestimmtes Schuhmodell anklickt. Hinter jedem Schuh steht Folgendes:

ONE PER CUSTOMER!

PLEASE BUY FOR WEARING!

Wenn du mal die Chance hast, ein Sonra Model zum Originalpreis zu kaufen, solltest du nicht lange warten und zuschlagen. Ansonsten würde ich Einsteigern eher dazu raten, sich erstmal an die Modelle der großen Zwei Hersteller zu halten. Im nächsten Kapitel verrate ich dir die Modelle, die am besten für das Reselling geeignet sind.

Modelle und Farben

Eines der Modelle, das sich hervorragend zum Reselling eignet, ist der Yeezy Boost von Adidas. Der Yeezy Boost hat seinen Namen seinem Designer, Kanye West, zu verdanken. Kanye West ist seit der Hochzeit mit Kim Kardashian extrem bekannt, allerdings war er bereits vorher ein sehr bekannter Musikproduzent und Rapper. Einer seiner Spitznamen lautet Yeezy. 2015 wurde Kanye West von Nike für eine enorme Summe abgeworben, seitdem kreiert er seine Modelle für Adidas.

Zumindest ist es die offizielle Version von Adidas, dass er die Schuhe selbst entwirft. Man weiß leider niemals ganz genau, ob das zutrifft oder ob er einfach nur das von den Designern von Adidas erstellte Design minimal verändert und dann absegnet. Bei Kanye West wäre es allerdings tatsächlich denkbar, dass es sich um seine eigene Kreation handelt, denn dieser kreative Kopf hat auch unter anderem eine eigene Modelinie.

Er wechselte unter Anderem von Nike zu Adidas, um seine Modelle in größerer Stückzahl für eine breitere Masse anbieten zu können. Manche seiner Modelle, die er für Nike entworfen hat, sind inzwischen Sammlerstücke und haben einen Wert von 1.000 Euro oder sogar mehr. Der erste Schuh, den er für Adidas designte, war der Yeezy Boost 750, welcher, genau wie sein Nachfolger Yeezy Boost 350, die speziell von Adidas entwickelte Boost-Sohle besitzt. Diese wird auch in der Ultra-Boost-Serie verwendet. Alle Modelle, die bisher in der Yeezy-Reihe erschienen sind, gehören einer eigenen Produktlinie an, die von Adidas produziert wird. Vergleichbar ist das mit der Jordan-Reihe bei Nike.

Hatte der Jeezy Boost 750 noch eine sehr geringe Auflage, ist eines der Nachfolgemodelle inzwischen eines der gängigsten Modelle und kommt in regelmäßigen Abständen als Release heraus. Dies bedeutet, es gibt den Yeezy Boost 350 V2 inzwischen in vielen verschiedenen Colorways und Limitierungen.

Colorway ist lediglich eine andere Bezeichnung für Farbgebung. Kommen komplett neue Modelle sehr unregelmäßig und nur circa einmal im Jahr auf den Markt, werden bestehende Modelle wie der Yeezy Boost 350 V2 alle zwei bis drei Monate als Release herausgebracht. Der Schuh kommt dann in einer anderen Farbe oder minimal im Design verändert heraus. Das bedeutet, zuerst kommt der Schuh beispielsweise in schwarz heraus, beim nächsten Release gibt es ihn dann in weiß, beim übernächsten Release ist der Schuh dann grau. Es wird in der Regel kein Schuh gleichzeitig in mehreren Farben herausgebracht. Die Limitierung ist bei den jeweiligen Releases ebenfalls unterschiedlich. Manche Releases haben nur eine sehr begrenzte Stückzahl, in der sie herauskommen, bei anderen Releases gibt es eine wesentlich höhere Anzahl verfügbarer Schuhe.

Der Wiederverkaufswert hängt neben der Limitierung auch stark von der Farbe des Schuhs ab. Der Yeezy Boost 350 V2 in komplett weißem Design hatte zwar eine sehr große Auflage, doch durch die, besonders im Sommer, sehr beliebte Farbe, war die Nachfrage so extrem hoch, dass Adidas den gleichen Schuh etwas später als Restock herausgebracht hat. Ein Restock ist im Prinzip eine Neuauflage des gleichen Schuhs. Der weiße Yezzy Boost V2 war dann nach dem Restock wieder für einige Tage erhältlich. Der weiße Yeezy hatte damit eine Millionen-Auflage, doch trotzdem hat sich der Wert inzwischen das Doppelte gesteigert.

Die richtige Farbe

Schuhe in den klassischen Farben wie weiß, schwarz oder grau sind fast immer eine sichere Investitionsmöglichkeit. Diese Farben lassen sich gut mit unterschiedlichen Outfits kombinieren und gefallen der breiten Masse.

Nike stellt häufiger Sneaker her, die einige rote Akzente aufweisen. Das liegt unter anderem daran, dass die Jordan 1-Modelle auch oft rote Anteile im Colorway haben. Diese Schuhe laufen dann in der Regel auch gut. Komplett rote Sneakers sind inzwischen ein wenig aus der Mode gekommen, obwohl es vor einigen Jahren noch sehr angesagt war.

Manchmal werden auch Sneaker in neongelb oder orange hergestellt. Diese außergewöhnlichen Farben sind nicht jedermanns Geschmack und werden deswegen oft in einer reduzierten Auflage herausgebracht. Häufig legen Schuhe, mit solchen Farben auch eine große Wertsteigerung hin.

Bei der Farbauswahl ist es nicht so sehr entscheidend, was dir selbst gefällt. Wichtig ist, was die breite Masse gut findet. Nutze StockX, um dich über die aktuellen Preise und Wertentwicklung der verschiedenen Modelle und Colorways zu informieren. Halte dich am Anfang an die beliebtesten Modelle von Adidas und Nike und wähle Farben aus, die gängig sind. Speziell am Anfang solltest du keine großen Experimente machen, was die Modellauswahl und Farbgebung angeht.

Schuhmodelle für das Reselling

Bei Adidas eignen sich vor allem einige Modelle der Yeezy Boost Reihe für das Reselling. Bei Nike sind folgende Schuhe gut geeignet: Jordan 1, Jordan 4, Jordan 5, Air Max 1, Air Max 90 sowie die Schuhe von Travis Scott.
Den Jordan 1 gibt es in drei verschiedenen Höhen: low, mid und high. Sie eignen sich alle zum Reselling, wobei der high in der passenden Farbe üblicherweise die höchsten Preise erzielt. Extrem hohe Preise erzielt man auch für ältere Modelle in gutem Zustand mit wenig Stückzahlen vorwiegend durch ihre Geschichte oder das Pushen von Prominenten.

Um Schuhe mit Wertsteigerungspotential herauszufiltern, solltest du auf die Farbgebung und Limitierung achten. Händler, die bei Instagram und Co. keine Posts oder Werbung für einen Release machen, sollten dich interessieren. Bewirbt der Händler normalerweise alle Releases, aber genau diesen nicht, bekommt der Händler diesen Schuh vielleicht einfach nicht, was auf eine extreme Limitierung hindeutet. Achte deswegen auf die Posts der Blogger oder Stores, indem du ihnen auf Instagram oder Facebook folgst.

Blogger posten im Vorfeld oft Listen der Läden, die einen neuen Schuh anbieten werden. Sind es vierzig Händler oder nur drei?

Wenn nur wenige Händler den Schuh zum Verkauf anbieten, ist das ebenfalls ein deutliches Indiz, dass der Schuh sehr limitiert ist.

Adidas Yeezy Boost 350 V2

Der adidas Yeezy Boost 350 V2 ist der fünfte Sneaker aus der Kanye West-Kollektion. Dieses Modell ist sehr beliebt und ein echter Dauerbrenner. Durch die Boost-Sohle ist der Tragekomfort wirklich genial. Es gibt ihn in sehr vielen verschiedenen Farbvarianten. Neutrale Modelle, die durch einen fetten Streifen hervorgehoben werden, sowie die monochromatische cremeweiße Edition gelten als Favoriten bei den Sneakerheads. Der Yeezy 350 Boost V2 ist ein echter Lifestyle-Sneaker, der zudem sehr leicht und bequem ist. Obwohl Adidas bei den neueren Modellen die Stückzahlen angehoben hat, ist der Yeezy Boost 350 V2 immer noch schwer zu bekommen.

Vom Yeezy Boost 350 V2 kommen jedes Jahr neue Farbvarianten auf den Markt.

Die erste Version des adidas Yeezy Boost 350 wurde am 27. Juni 2015 weltweit veröffentlicht. Das Design gab es in dem Colorway „Turtle Dove“, einer grau-weißer Farbgebeung. Wenig später, am 22. August 2015, wurde eine komplett schwarze Version mit dem Colorway „Pirate Black“ herausgebracht.

Ebenfalls sehr selten und beliebt ist der Yeezy 350 Boost in der Variante „Moonrock“. Dieser Farbtyp wurde nur exklusiv in ausgewählten Stores verkauft und hatte für einen längeren Zeitraum einen Marktwert der weit über 1.000 Euro lag.

Am 23. November 2016 wurden drei neue Colorways veröffentlicht: adidas Yeezy Boost 350 V2 „Copper“, adidas Yeezy Boost 350 V2 „Green“ und adidas Yeezy Boost 350 V2 „Red“. Diese Modelle haben komplett schwarze Sohlen, ein Primeknit-Upper, und einen großen farbigen Streifen mit "SPLY-350" auf der lateralen Seite.

Wenig später wurde der adidas Yeezy Boost 350 V2 „Oreo“-Colorway mit einem Primeknit Upper in black / core white und einem weißen Streifen auf der lateralen Seite veröffentlicht.

Am 11. Februar 2017 wurde dann die Farbvariante „Black Red“ veröffentlicht (siehe Bild). In dieser Version ist der adidas Yeezy Boost 350 V2 in schwarz und rot gehalten.

Nur eine Woche später, am 25. Februar 2017, wurde die Farbvariante „Zebra“ veröffentlicht. Das Model war sehr beliebt und sehr schnell ausverkauft. Ebenfalls sehr begehrt war das Modell „Cream White“. Es wurde am 29. April 2017 veröffentlicht.

Die neuen Colorways wurden im Einzelhandel für rund 220 Euro verkauft, aber diese Preise stiegen bei einigen

Wiederverkäufern sehr schnell auf das Doppelte oder das Dreifache an.

Im November und Dezember 2017 wurden drei neue Farben veröffentlicht. Der adidas Yeezy Boost 350 V2 „Semi-Frozen Yellow“ kam am 18. November 2017 in begrenzter Stückzahl heraus.

Ein aktualisierter adidas Yeezy Boost 350 V2 "Beluga 2.0" wurde einige Tage später, am 25. November 2017, in großer Stückzahl veröffentlicht. Am 16. Dezember 2017 erschien ein dritter Colorway: Der adidas Yeezy Boost 350 V2 "Blue Tint". Diese drei neuen Farbvarianten hatten fast die gleichen Primeknit-Muster, wobei die markanten Seitenstreifen der vorherigen Modelle entfernt wurden und nur die Wortmarke „SPLY-350“ beibehalten wurde. Der Verkaufspreis lag bei rund 220 Euro.

Am 30. Juni 2018 wurde ein neuer Colorway mit dem Namen adidas Yeezy Boost 350 V2 „Butter“ veröffentlicht. Die Wertentwicklung dieses Schuhs verläuft stetig weiter nach oben. Einen Rücksetzer gab es bisher noch nicht.

Am 21. September 2018 veröffentlichte Adidas den Yeezy Boost 350 V2 „Cream White.“ Adidas wählte bei diesem Modell eine recht große Stückzahl. Zwei Monate später führte Adidas auch den Yeezy 350 Boost V2 „Zebra“ wieder ein.

Bei den Black Friday-Releases am 23. November 2018 wurde der adidas Yeezy Boost 350 V2 „Sesame“ veröffentlicht. Der neue Colorway hatte ein graues Primeknit-Upper mit einer weißen Boost-Zwischensohle und einer Gummilaufsohle.

Einer der interessantesten Colorways ist wahrscheinlich das „Static“ Modell. Dieser kam am 27. Dezember 2018 heraus. Das einzigartige Design besteht aus einem grau-weißen, überarbeiteten Primeknit-Material mit einem transparenten seitlichen Seitenstreifen aus Monofilament im gewebten Upper. Eine begrenzte Auflage des Yeezy 350 Boosts V2 „Static Reflective“ wurden im Dezember 2018 veröffentlicht. Das Design leuchtet im Dunkeln und ist definitiv ein absoluter Hingucker.

Adidas Yeezy Boost 700

Der Adidas Yeezy Boost 700 zeichnete sich von Anfang an durch ihre hohe Sohle sowie durch den wilden Materialmix aus. Zum Einsatz kommen vorzugsweise Mesh, Leder und Wildleder in einem unterschiedlichen Farbzusammenspiel. Mich persönlich hat der Schuh nicht so sehr vom Hocker, da ich die hohe Sohle nicht sonderlich mag. Es gibt aber viele Menschen, die das anscheinend anders sehen. Viele Farbvarianten des Modells waren in der Vergangenheit direkt ausverkauft. Die meisten Yeezy Boost 700 Modelle bewegen sich preislich um ca. 300 Euro. Auf dem Foto ist das Modell „Yeezy Boost 700 Utility Black“ zu sehen.

Von dem Adidas Yeezy Boost 700 gibt es mittlerweile eine Reihe von unterschiedlichen Modelllinien.

Adidas Yeezy Boost V2

Der Yeezy Boost 700 V2 ist der Nachfolger des Yeezy Boost 700. Auf dem Bild seht ihr den Adidas Yeezy Boost 700 V2 „Hospital Blue.“ Sein Wertzuwachs im Jahr 2000 betrug rund 25%.

Adidas Yeezy Boost 700 V3

Am 23. Dezember 2019 erschien der allererste adidas Yeezy Boost 700 V3, der sich komplett von den älteren Modellen abgrenzt. Auf dem Bild seht ihr Farbvariante „Azael“. Die Sohle ist nach wie vor hoch und klobig und das Obermaterial kommt geschwungen daher. Auf mich wirkt der Schuh sehr futuristisch. Seit Jahresbeginn 2020 hat der Schuh bis jetzt (Januar 2021) einen Wertzuwachs von rund 30% hingelegt.

Adidas Yeezy Boost 700 MNVN

Kurz nach der Veröffentlichung des Yeezy Boost 700 V3 kam ein weiterer 700er auf den Markt. Das neuste Modell heißt „Yeezy Boost MNVN“ und unterscheidet sich von dem Yeezy Boost V3 in einigen Aspekten. Der Cage verschwindet bei dem neuen Modell und legt das Obermaterial komplett frei. An den Seitenwänden ist die Zahl „700“ erkennbar.

Adidas Yeezy 500

Der adidas Yeezy 500 der einzige Yeezy aus der gesamten Yeezy Reihe, der nicht den Titel Boost tragen darf. Der Yeezy 500 ist nämlich mit „adiPRENE“ ausgestattet ist und verfügt nicht über eine Boost-Sohle. Es gibt diesen Schuh in verschiedenen Farbkombinationen. Auf dem Bild befindet sich der Yeezy 500 „Bone White“. Der Marktwert dieser Modelreihe konnte seit seinem Release kontinuierlich zulegen. Der Schuh wird auf Stockx derzeit für rund 350 Euro gehandelt.

Derr Schuh besitzt eine EVA-Sohleneinheit, die im Vorfußbereich verbaut wurde und zur Stoßdämpfung beiträgt. Dadurch wird das Laufgefühl sehr dynamisch und reaktionsfreudig.

Ob jetzt eine Boost-Sohle oder eine „adiPRENE-Sohle“ besser ist, daran scheiden sich die Geister. Die meisten

Sneakerheads werden aber wahrscheinlich die Boost-Sohle bevorzugen.

Der adidas Yeezy 500 High „Slate“ kam im Dezember 2019 raus und hatte einen eher schwierigen Start, obwohl Aufbau nicht weit vom Originalmodel entfernt ist. Der Sneaker verfügt über die gleiche voluminöse Sohle und ein Upper, das aus zwei Materialien besteht.

Der klassische adidas Yeezy 500 ist jedoch beliebter als der High „Slate“. Sobald die Sneaker in die Stores oder Online kommen, greifen die Sneakerheads sofort zu. Vom Yeezy 500 gab es bereits einige Updates, die aber am grundsätzlichen Aufbau des Schuhs nichts änderten.

Bis vor kurzem erschienen die Yeezys noch mit einem Mix aus Leder und Mesh. Der neuste Yeezy 500, der adidas Yeezy 500 „Stone“, verfügt über Neopren-Einsätze statt Mesh. Dadurch wirkt der Sneaker jetzt etwas klobiger.

Auf den Verkauf wirkte sich das jedoch nicht negativ aus. Ganz im Gegenteil: Diese Yeezys waren wieder sehr schnell ausverkauft.

Nike Air Max 1

Es gibt zahlreiche Air Max 1 Modelle. Auf dem Beispielbild seht ihr den Air Max 1 „Anniversary Obsidian," aus dem Jahr 2017. Sieht er nicht schick aus?

Der allererste Air Max kam 1987 auf den Markt und wurde vom Raumfahrtingenieur F. Rudy und dem Designer T. Hatfield entwickelt. Der Air Max 1 schlug sofort ein und ist noch heute einer der beliebtesten Sneaker-Modelle von Nike. Das Hauptmerkmal dieses Schuhs ist das sichtbare, Air-Fenster, welches 1979 entwickelt wurde und einen Blick auf das mit Gas befüllte Dämpfungskissen gewährt. Zur damaligen Zeit war das eine bahnbrechende, revolutionäre Idee. Aufgrund der gedämpften Sohle sind die Air Max 1 Modelle sehr gut gedämpft und bieten einen hohen Tragkomfort. Der Air Max gilt heutzutage nicht mehr als reiner Sportlerschuh, sondern wird vor allem von Frauen und Männern im Alltag getragen.

2017 war eines der erfolgreichsten Jahre für den Nike Air Max 1. Insbesondere die OG Colorways waren sehr erfolgreich und sind gleichermaßen beliebt bei Sammlern und Resellern.

Der Air Max 1 OG "Anniversary Red" war wohl das beliebteste Modell. An zweiter Stelle ist der Air Max 1 OG Anniversary "Game Royal" zu nennen.

Der Air Max 1 "Anniversary Obsidian" oder der Air Max 1 "Aqua" sind ebenfalls sehr begehrt. Das Sondermodell „Anniversary Obsidian“ konnte seinen Marktwert in den letzten drei Jahren verdreifachen.

Nike Air Max 90

Bei dem abgebildeten Schuh handelt es sich um das Model „Nike Air Max 90 Midnight Navy University".

Nike präsentierte die neuartige Luftpolster Technologie im Jahr 1979 und revolutionierte damit den Schuhmarkt. Durch das Integrieren der sogenannten Air Sole erreichte Nike einen exzellenten Tragekomfort, aufgrund der guten Dämpfungseigenschaften des Schuhs.

Was die Wenigsten wissen:

Das Dämpfungskissen wird nicht mit Luft befüllt, sondern mit einem speziellen Gas.

Kernstück der „Air Sole" ist das sogenannte Urethan Gummi, welches einen zusätzlich dämpfenden Effekt aufweist. Dieses Material wurde ursprünglich für die Raumfahrt entwickelt.

Die Luftpolstertechnologie brachte Nike weltweite Anerkennung und ich bin mir ziemlich sicher, dass Nike ohne diese Technologie niemals so erfolgreich und populär geworden wäre. Es war marketingtechnisch einfach genial, dass dieses Luftpolster von außen sichtbar gemacht wurde. Schuhe mit diesem „Air-Fenster“ wurden sofort erkannt und als entsprechend hip und wertig eingestuft.

Neben der „Air Sole“ besitzt der Air Max 90 noch einige weitere Features, die zu seiner großen Beliebtheit beigetragen haben. Zum einen ist da die gepolsterte Zunge zu nennen, die sich ebenfalls positiv auf den Tragekomfort auswirkt.

Die speziellen Rillen auf der Sohle sorgen stets für einen guten Halt und Kontrolle beim Laufen. Hinzu kommt die gummierte „Outsole“, welche den Nike Air Max 90 noch haltbarer macht und ebenfalls zum Grip des Schuhs beiträgt. Eine Mischung aus Leder und synthetischem Material sorgen für die nötige Qualität des Modells.

Nike Air Jordan

Seit nun mehr als 30 Jahren prägt die Air Jordan Reihe die Sneakerwelt und hat sich seitdem in die Köpfe eines jeden Sneaker Resellers eingebrannt. Der Schuh wäre ohne das berühmte „Jumpman“ Logo einfach nicht mehr denkbar. In der Abbildung ist der Schuh „Nike Air Jordan 1 Retro High Off-White Chicago“ zu sehen.

Hinter den Air Jordan Schuhen steckt eine unglaubliche Geschichte. Der Ursprung liegt bei Michael Jordan, der sich in der NBA beweisen wollte. Er war sehr verbissen und beeindruckte unzählige Scouts der NBA. Michael Jordan war schon immer sehr ehrgeizig und zielstrebig, weshalb er auch abseits des Basketballfeldes einen Vertrag mit Nike unterzeichnete. Eine Entscheidung, die Nike niemals bereuen wird!

Die allerersten Air Jordan waren für Michael Jordan selbst bestimmt und erblickten 1984 das Licht der Welt. Diese wurden selbstverständlich in den Teamfarben der Chicago Bulls entworfen und überzeugten schon damals mit der rot-schwarzen Farbkombination. Jordan riskierte jedes

Spiel Geldstrafen in Höhe von 5000$, welche über den Lauf der Zeit immer größer wurden. Damals durften ausschließlich schwarze oder weiße Schuhe getragen werden, weshalb die Schuhe von Jordan schlichtweg zu bunt für die NBA war. Michael hat hierfür unglaublich viel Aufmerksamkeit bekommen, die zunehmend auf den Schuh übertragen wurden. Sogar im US-amerikanischen Fernsehen kamen unzählige Mitteilungen in Bezug auf Jordan und seine Sneaker. Schon sehr bald sollte Nike die dominierende Kraft im Basketballschuhsegment sein und alle seine Kontrahenten in den Schatten stellen.

Je mehr sich Michael Jordan im Laufe der Jahre zu dem wohlmöglich besten Basketballspieler entwickelte, umso erfolgreicher wurden selbstverständlich auch seine Air Jordans. Der Sneaker entwickelte sich zu einem wahren Statussymbol. Jeder Fan auf der Welt wollte unbedingt einen solchen Schuh besitzen und für jeden Preis ergattern.

Auch heute, knapp 30-40 Jahre später, ist der Hype nicht verflogen. Der Air Jordan gilt als einer der erfolgreichsten Sneaker weltweit und wird nicht nur ausschließlich von Basketballfans getragen. Nike bricht mit dem Sneaker auch weiterhin immer wieder Umsatzrekorde und begeistert die Fans am laufenden Band. Es gibt mittlerweile unzählige Modelle und Variationen des Air Jordan, sodass es schon fast unmöglich ist alle aufzuzählen. Eine Vielzahl von Retros und limitierten Auflagen bringen die Sneakerheads auch heute noch dazu vor Retailshops zu übernachten, um ein Paar zu ergattern. Man sollte also stets ein Auge auf mögliche Releases haben, sodass man sie auch noch rechtzeitig erbeutet.

Es gibt unzählige Modelle, die sich für das Sneaker Reselling eignen. Am beliebtesten ist nach wie vor der Air Jordan 1, den es in sämtlichen Farbvariationen zu ergattern gibt. Die Modelle Jordan 4, Jordan 5 sind ebenfalls für das Reselling geeignet.

Schuhauswahl für Anfänger

Ich würde dir raten, mit aktuellen Releases zu starten, wenn du mit Sneaker-Reselling beginnen möchtest. Aktuelle Releases sind leichter zu beschaffen und die Fälschungen sind noch nicht wirklich ausgereift und können leichter als solche erkannt werden. Ältere Releases anzukaufen und dann weiter zu verkaufen kann ebenfalls sehr lukrativ sein, doch es eignet sich eher für Fortgeschrittene, da man hier sehr viele Komponenten berücksichtigen muss und Fälschungen oft schwerer auszumachen sind.

Als Einsteiger ist es manchmal sehr schwer, Fälschungen zu erkennen. Besonders ältere Modelle sind sehr schwierig zu beschaffen und somit hat man oft kein Vergleichspaar zur Hand, welches man zur Feststellung der Echtheit für angekaufte Schuhe zu Rate ziehen könnte. Bei neueren Releases, die erst kurze Zeit auf dem Markt sind oder gar erst noch herauskommen, gibt es noch kaum Fälschungen, was die Sache enorm vereinfacht.

Leider ist nicht jeder Sneaker zum Reselling geeignet. Man kann sogar eher sagen, dass sich nur ein sehr kleiner Teil dazu eignet. Das liegt zum einen an mangelnder Nachfrage bei vielen Modellen, zum anderen an einer viel zu hohen Stückzahl. Mein Tipp für dich: Die Neuauflagen der

Retro-Modelle von Nike gibt es bereits seit Jahren. Sie werden immer wieder neu aufgelegt und bringen in der Regel am meisten Geld. Schuhe, die von Prominenten getragen oder gar designt wurden, eignen sich gut zum Wiederverkauf. Auch hier habe ich ein gutes Beispiel:

Der „Nike Air Max 270 React Worldwide“ (CK6457100) kostet neu ca. 130 Euro. Bei Stockx wird sein aktueller Marktpreis mit 126 Euro angegeben. Dieser Schuh ist also als Reseller eher ungeeignet, da sein aktueller Wert noch unter dem Kaufpreis liegt. Er hat keine besondere Geschichte vorzuweisen, wie zum Beispiel die OG-Modelle und die Stückzahlen sind sehr hoch. Promis wurden auch noch nicht beim Tragen des Schuhs gesichtet. Deswegen ist die Nachfrage nicht hoch und der Schuh hat nur wenig Potential.

Allerdings gibt es von genau diesem Schuh einen Release, bei diesem wurde das Colorway von Travis Scott designt. Sein Wert wiederum liegt bei 400 – 500 Euro. Travis Scott ist ein sehr bekannter amerikanischer Rapper und der Lebensgefährte von Kylie Jenner. Er bewegt sich, genau wie Kanye West, in der prominenten Szene und ist für viele Vorbild und Stilikone zugleich. Seit 2017 entwirft er in Zusammenarbeit mit Nike Sneaker. Die von ihm designten Schuhe werden inzwischen zum Teil über 1000 Euro gehandelt.

Unser „Nike Air Max 270 React Worldwide“ aus dem Beispiel wird wohl auch in der Zukunft zum Reselling nicht geeignet sein. Wobei Travis Scott bereits einmal ein über Jahre unbeachtetes Modell hypte, einfach nur, indem er sie in der Öffentlichkeit trug. Was danach passierte könnt ihr euch sicherlich denken. Doch darauf zu hoffen ist unsicher.

Die von Travis Scott designten Sneakers bringen oftmals viel Geld, da er bekannt ist und stark polarisiert. Wenn du also einmal die Chance hast, einen Schuh von Travis Scott zu einem günstigen Preis zu kaufen, solltest du zuschlagen.

Das Gleiche gilt für die Modelle von Adidas, an denen Kanye West mitgearbeitet hat. Diese Schuhe sind sehr schnell ausverkauft und liegen im Reselling häufig zwischen 450 und 500 Euro.

Stückzahlen

Die Limitierung der Stückzahlen bestimmen die Hersteller für den jeweiligen Schuh und Farbe sehr unterschiedlich. Jeder Release hat eine andere Limitierung. Kommt nun beispielsweise ein schwarzer Schuh in sehr geringer Stückzahl heraus, treibt die kleine Stückzahl den Preis natürlich in die Höhe. Man sollte daher beim Schuhkauf immer auf die Limitierung und die Farbe schauen, dabei aber im Auge behalten, was der breiten Masse gefällt. Persönliche Präferenzen spielen beim Reselling nur eine untergeordnete Rolle.

Man kann also sagen, es ist sinnvoll, in Farben zu investieren, die breitentauglich sind sowie in Releases, die nur in einer geringen Limitierung herauskommen.

Viele Blogger, die mit den Herstellern zusammenarbeiten, bekommen die Schuhe schon vor dem Release-Termin. In ihren Posts auf Instagram teilen sie Fotos, Videos, aber auch Bewertungen zur Verarbeitung und geben oft eine grobe Einschätzung, wie schwierig es wird, diesen Schuh zu bekommen. Diese Einschätzungen gehen häufig in die richtige Richtung, genaue Zahlen haben aber auch die Blogger in der Regel nicht.

Die meisten Blogger sind Sammler, die ihr Hobby zum Beruf gemacht haben. Einige sind dem Reselling gegenüber leicht negativ eingestellt. Außer einer kurzen Randbemerkung, dass es schwer werden könnte, diese Sneakers zu einem bezahlbaren Preis zu bekommen, lassen sich die wenigsten hinreißen. Auf manchen Instagram-Seiten gibt es diese Prognosen zum Reselling zwar, doch ich rate dir, ihnen nicht zu sehr zu vertrauen, denn Wertentwicklungen kann man eher kurz vor oder nach dem Release abschätzen, anstatt bereits Wochen vorher, wenn die Blogger beginnen, den Schuh zu bewerben und bewerten.

Besonders Anfänger sollten sich beim Einkauf jedoch nicht ausschließlich auf die Stückzahl, als Indikator für eine Wertentwicklung verlassen, da natürlich auch noch andere Faktoren, wie die Farbgebung, die Geschichte des Modells und die Schuhmarke eine wesentliche Rolle spielen.

Im direkten Vergleich hat zum Beispiel der Yeezy Boost in der Regel eine wesentlich höhere Auflage im Gegensatz zum Nike Jordan 1. Trotzdem kann man mit beiden einen guten Gewinn erzielen.

Geschichte eines Schuhs

Ein sehr wichtiges Kriterium im Reselling ist die Geschichte eines Schuhs. Als bestes Beispiel kann ich hier die OG-Modelle von Nike, aus der Jordan 1-Reihe nennen. Die OG-Modelle sind die Modelle, die Michael Jordan früher in seiner aktiven Basketballkarriere getragen hat. Diese sehr beliebten Modelle werden alle paar Jahre in genau dem gleichen Colorway wieder herausgebracht. Sie sind absolute Must-Haves sowohl für Einsteiger im Reselling als auch für Sammler.

Der Schuh, den Michael Jordan 1985 getragen hat, wurde inzwischen zwei oder drei Mal neu veröffentlicht. Die Originalversion von 1985 erreicht inzwischen mit Originalkarton und in einem ungetragenen, guten Zustand Preise zwischen 15.000-20.000 Euro. Diesen Preis erreichen die aktuellen Releases zwar nicht mehr, sie sind aber trotzdem heiß begehrt und stehen unter Resellern und Sammlern hoch im Kurs. Es lässt sich nicht grundsätzlich pauschal sagen: Je älter das Modell, desto höher der Wert. Eine Tendenz ist jedoch schon erkennbar.

Von älteren Schuhen lassen sich meist nur sehr wenige, in einem sehr guten Zustand auf dem Markt finden. Dementsprechend haben ältere Releases oftmals einen höheren Marktpreis, auch wenn sie genauso aussehen wie ein neuerer Release im gleichen Colorway.

Doch Achtung:

Qualitätsunterschiede beeinflussen den Preis eines Schuhs. In solch einem Fall kann durchaus der Release von 2016 mehr wert sein als der von 2013. Unterschiede in den Releases kommen durch unterschiedliche Materialien zustande, was man nicht nur optisch, sondern auch haptisch merkt. Das kann eine andere Lederart oder eine andere Nuance in der Farbgebung sein. Aber auch Produktionsfehler, etwa beim Vernähen, mindern den Wert eines Schuhs.

Solche kleinen Unterschiede können den Kauf, vor allem für Einsteiger, schwierig gestalten. Doch ich habe einen Tipp für dich, wie du Releases des gleichen Schuhs aus unterschiedlichen Jahren in der Regel auseinanderhalten kannst: Schau einfach auf das im Schuh eingenähte Etikett. Auf diesem Etikett findest du das genaue Produktionsdatum.

Man findet es bei fast allen Nike-Modellen, sowie beim Großteil der Adidas-Modelle. Ein Foto des Originalkartons, soweit vorhanden, ist ebenfalls hilfreich, denn auch auf diesem wird man, zum Beispiel bei Nike, fündig: Der interne Stylecode des Herstellers auf dem Karton, ist für jeden Release anders und kann einfach und schnell bei Google oder Stockx eingegeben werden. Bei StockX bekommt man dann nicht nur das Herstellungsjahr angezeigt, sondern gleich noch weitere Informationen sowie den aktuellen Wert des Schuhs.

Kooperationen

Kooperationen mit Promis, Sneaker-Stores oder auch Fashion-Labels sind nicht ungewöhnlich und fast ein Garant für eine hohe Wertsteigerung, selbst wenn der Schuh optisch so ansprechend ist, dass man ihn nicht einmal im Outlet für 50 Euro kaufen würde. Die breite Masse ist in dieser Hinsicht oft sehr manipulierbar. Vor nicht allzu langer Zeit gab es eine Kooperation von Nike mit Dior. Den von Dior designten Jordan 1 konnte man nicht einfach kaufen, sondern es wurden in den Dior-Stores Kaufrechte für diesen in Italien handgefertigten Sneaker verlost. Wer das Glück hatte zu gewinnen, konnte den Schuh dann im Dior-Store für 1.000 Euro kaufen. Der Wert des Schuhs liegt inzwischen bei 10.000 bis 15.000 Euro.

Auch die große Kooperation von Nike mit dem Streetwear-Label Off-White lassen die Preise durch die Decke gehen. Off-White ist eine sehr teure Modemarke, deren Designer gleich mehrere Modelle für Nike gestaltet hat. Diese sind zwar oft nicht schön im eigentlichen Sinne, haben aber bei einem Neupreis von 180 Euro und einem aktuellen Wert von circa 4.000 bis 5.000 Euro eine enorme Wertsteigerung hingelegt.

Adidas hat im Januar einen Schuh in die Läden gebracht, den das Unternehmen in Zusammenarbeit mit der Berliner Verkehrs Gesellschaft (BVG) designt hat. Der Schuh kostete ursprünglich 180 Euro. Die 500 Exemplare waren innerhalb weniger Minuten vergriffen. Manche Reseller haben mit den seltenen Sneakern wenig später mehr als 1000 Euro Gewinn gemacht.

Was man festhalten kann: Kooperationen sind fast immer Preistreiber. Es handelt sich bei solchen Schuhen oft um Modelle, die wahnsinnig beliebt sind, aber nur in kleiner Stückzahl herausgekommen. Besonders für Sammler als Wertanlage und Reseller eine gute Investition, sofern man keine Mondpreise für die Anschaffung bezahlt.

Es gibt allerdings auch Menschen, die genau solche teuren Schuhe einfach im Alltag tragen. Dabei kann man das Tragen von Sneakers mit einem Wert um 3.000€ durchaus als Status-Symbol sehen. Man sieht ihnen ihren hohen Preis zwar oftmals nicht an, doch steigern sie das Selbstwertgefühl des Trägers, streicheln das Ego und geben ihm das gute Gefühl, etwas Besonderes zu sein. Prominente, Musikstars oder auch Profi-Fußballspieler haben häufig die Relation zu Geld verloren, da spielt der Preis eine sehr untergeordnete Rolle. Wenn prominente Blogger und Influencer für eine Instagram-Promotion, die lediglich drei Posts umfasst, 10.000 Euro und mehr verlangen können, interessiert es sie nicht, ob die Schuhe 3.000 Euro kosten.

Kapitel 3 | Möglichkeiten im Einkauf

Für den Einkauf eines Schuhs bieten sich grundsätzlich verschiedene Möglichkeiten an. Allerdings sind nicht alle Einkaufsmöglichkeiten gleichermaßen geeignet. Als Reseller solltе es dein primäres Ziel sein, Sneaker möglichst günstig einzukaufen. Besonders heiß gelaufene Modelle, die schon eine große Wertentwicklung hingelegt haben, würde ich als Anfänger erstmal nicht in Betracht ziehen. Die Fallhöhe ist dann sehr viel höher als bei Modellen, die noch keine große Wertentwicklung hingelegt haben.

Bevor du über den Kauf eines bestimmten Sneakers nachdenkst, solltest du dich über ihn auf StockX genauestens informieren.

StockX

StockX ist die weltweit größte Online-Plattform für den Handel mit Sneaker und eine absolute Empfehlung von mir. Hier kann man Schuhe kaufen und verkaufen. Auf StockX gibt es wirklich die abgefahrensten Schuhe und exklusivsten Sondermodelle zu kaufen. Erst kürzlich entdeckte ich das Nike Modell, dass Marty Mc Fly im Film „zurück in die Zukunft" getragen hat, auf StockX.

Der Preis für dieses Modell: 45.000 Euro.

Auf StockX erhält man viele wichtige Informationen über das jeweilige Schuhmodel:

- Release Datum des Sneakers
- Einzelhandelspreis
- Colorway
- Stylenummer
- 52 Wochen Höchstpreis
- Preisspanne der letzten 12 Monate
- Volatilität
- 3-D Produktansicht
- Anzahl der Verkäufe in den letzten 12 Monaten
- Angaben zum durchschnittlichen Verkaufspreis

Besonders cool ist der Graph, der die Wertentwicklung des Schuhs anzeigt. Das Prinzip ist das gleiche wie an der Börse. Wollen viele Leute eine Aktie kaufen, wird sie teurer. Möchte sie dagegen niemand kaufen, sinkt ihr Wert. Du kannst also mit Hilfe dieser Plattform immer genau sagen, wie hoch der aktuelle Marktpreis für das jeweilige Schuhmodel ist. Außerdem kannst du genau beobachten, wie sich der Marktpreis des Schuhs in den letzten Monaten entwickelt hat.

<u>Ein kleines Beispiel dazu:</u>

Steht der Schuh eine Woche vor Release-Datum bei StockX EU bei 400€, kostet im Einkauf aber 165€, kann man von einer guten Investition ausgehen, auch wenn die Preise sich nach dem offiziellen Release noch etwas verändern. Die Preise bei StockX Amerika oder StockX Asien sollte man allerdings im Regelfall nicht als Basis nutzen, da eher selten außerhalb der EU verkauft wird. Dies rechnet sich nur, wenn man einen wirklich teuren Schuh verkaufen möchte. Allerdings bekommt man beim Einloggen aus Deutschland ohnehin die europäischen Preise angezeigt. Der internationale Verkauf über die Plattform StockX lohnt sich nur in den seltensten Fällen, da dieser mit viel Aufwand und Arbeit verbunden ist. Man denke nur einmal an die Zoll- und Versandbestimmungen der verschiedenen Länder. Ein internationaler Verkauf lohnt sich daher erst ab Verkaufswert von etwa 2.000 Euro.

Wie bereits erwähnt habe, kann man Schuhe auch über StockX einkaufen. Allerdings hat man hier keine Chance einen Sneaker unterhalb des Marktpreises zu kaufen und daher ist es für Reseller eher weniger geeignet. Man hat die Möglichkeit für ein bestimmtes Model ein Gebot abzugeben, welches sich unterhalb des aktuellen Marktpreises des jeweiligen Schuhs befindet. Die Plattform speichert das Gebot und sollte der Preis mal fallen, könnte es sein, dass man den Zuschlag erhält. Im Wesentlichen funktioniert dieses System wie beim Aktienkauf mit einem bestimmten Limit-Preis.

Sneaker-Messen

Auf Sneaker-Messen gibt es eine große Auswahl an verschiedenen Modellen und Marken. Von daher sind Sneaker-Messen gut für den Einkauf von Sneaker geeignet. Darüber hinaus hat man dort die Möglichkeit, sich mit Gleichgesinnten über Sneaker auszutauschen und kann sein Netzwerk ausbauen. Ich kann dir, insbesondere als Anfänger, nur den Tipp geben, offen auf die anwesenden Messegäste und Verkäufer zuzugehen. Ihr könnt in einem persönlichen Gespräch mit einem erfahrenen Reseller viel lernen und knüpft zudem wichtige Kontakte. Habt keine Angst vor doofen Fragen - die gibt es nicht! Die Sneaker-Head Community ist in der Regel aufgeschlossen und wird dir mit Sicherheit weiterhelfen.

Vor der Corona-Pandemie konnte man zwischen vielen Messen auswählen. Die größten Sneaker-Messe ist die „Sneakerness." In Deutschland hat sie vor der Pandemie regelmäßig in Köln stattgefunden. Sie findet außerdem noch in einigen anderen europäischen Großstädten, wie Mailand, Zürich und Amsterdam statt. Ich rate euch, mal eine dieser Messen zu besuchen, sollte es wieder möglich sein. Die „Sneakerness" Messen sind wirklich ein Erlebnis und einen Besuch wert.

Natürlich gibt es in Deutschland auch noch zahlreiche kleinere Messen, die ebenfalls interessant sind. Eine gute Übersicht über die aktuellen Messetermine, findet ihr auf dem Sneaker-Blog www.deadstock.de.

Natürlich trifft die derzeitige Corona-Pandemie auch die Sneaker-Szene mit voller Wucht. Messen dürfen derzeit, aufgrund der erlassenen Hygieneverordnungen der Bundesregierung, nicht stattfinden. Wir können nur alle hoffen, dass die Menschheit die Pandemie zeitnah wieder in den Griff bekommt. Bis dahin müssen alle Sneaker-Heads erstmal auf Sneaker-Messen verzichten.

Instore Raffles und Online Raffles

Es gibt inzwischen viele Stores, die die Kaufrechte der Schuhe verlosen, sowohl Instore als auch Online. Diese Verlosungen nennt man Raffles. Instore bedeutet, dass die Verlosungen im Laden verlaufen. Dementsprechend muss man bei Instore Raffles anwesend sein. Gibt es die Schuhe bei fast allen Stores nur als Raffle, kannst du davon ausgehen, dass die Stückzahlen klein sind und der Schuh heiß begehrt sein wird. Stehen die Sneaker dagegen bei fast allen Händlern noch zusätzlich zu den Raffles im Online-Shop zum regulären Verkauf, gibt es eine größere Stückzahl. Raffles sind absolut empfehlenswert, besonders für Einsteiger im Sneaker-Reselling.

Gerade Online-Raffles oder Insta-Raffles bieten eine gute Chance, wenn man auf dem Land wohnt und sich keine Sneaker-Stores in der Nähe befinden, die einen Raffle anbieten. Allerdings sind die Chancen, bei einem Online Raffle Schuhe zu bekommen, um einiges geringer als bei einem Instore-Raffle, bei dem man mit nur 200 Personen im Laden steht.

Letztendlich ist es auch eine Typfrage: Möchte man wirklich einige Stunden bei Kälte, Regen oder Wind mit vielen anderen Menschen vor einem Store anstehen, um am Ende vielleicht leer auszugehen?

Trotzdem sind Instore-Raffles auch eine hervorragende Möglichkeit zum Knüpfen neuer Kontakte und Netzwerkaufbau. Da nun aber nicht jeder Reseller in Hamburg, Berlin oder München wohnt, muss man sich oft dann doch mit den Online-Raffles begnügen. Diese werden oft europaweit geschaltet, sodass die Chancen auf den Gewinn noch weiter sinken.

Bei Insta-Raffles sieht es chancentechnisch nicht unbedingt besser aus. Um von Insta-Raffles zu erfahren, solltest Du unbedingt den großen Sneaker-Stores auf Instagram folgen. Eine Auflistung mit den wichtigsten Sneakerstores findest du auf den letzten Seiten des Buches.

Bei einem Insta-Raffle muss man meistens nur den Post kommentieren, um im Verlosungstopf zu sein. Das Kommentieren geht sehr fix und macht kaum Arbeit. Allerdings ist die Konkurrenz auch sehr groß. Meist dauert es nicht lange, bis die ersten tausend Kommentare unter dem Post auftauchen.

Darum lass mich dir einige Tricks verraten, wie du deine Chancen wenigstens etwas erhöhen kannst. Melde dich für Online-Raffles nicht nur selbst an, sondern am besten gleich alle Familienmitglieder: Tochter, Sohn, Ehefrau beziehungsweise Mann, Vater, Mutter, am besten auch noch Geschwister, soweit vorhanden. Auch wenn du einen zweiten oder sogar dritten Vornamen hast, kannst du dich damit vielleicht auch noch anmelden. Richte dir selbst noch zusätzliche E-Mail-Adressen ein oder, im Falle von Insta-Raffles, zusätzliche Accounts bei Instagram. Diese Arbeit nimmt zwar etwas Zeit in Anspruch, aber du musst sie nur ein einziges Mal erledigen und kannst die Accounts immer wieder benutzen und das ohne großen Zeitaufwand, was die ganze Sache auf Dauer vereinfacht.

Auf jeden Fall solltest du an Raffles teilnehmen, sowohl Online als auch Instore, sofern dir das möglich ist. So hast du wenigstens eine Chance auf hochpreisige, seltene

Schuhe, die du ansonsten überhaupt nicht bekommen würdest. Termine von Raffles findet man in der Regel auf den Sneaker-Blogs der Hersteller, direkt auf der Homepage des Stores oder in den Posts der Sneaker-Blogger. Oftmals gibt es direkt im Post einen Link zum jeweiligen Raffle. Da deutsche Blogger vorwiegend deutsche Raffles promoten, macht es durchaus Sinn, zusätzlich noch einigen europäischen Bloggern zu folgen. Damit erhöht man seine Chance auf einen teuren Schuh und ergattert ihn vielleicht in Frankreich oder Holland. Der Versand nach Deutschland ist innerhalb der EU kein Problem, da Zollfreiheit herrscht. Allerdings muss man seinen Gewinn bei manchen Raffles persönlich abholen, also vorher lieber genau die Bedingungen lesen.

Der Raffle-Abstauber

Am Release-Tag besteht die Chance, direkt vor dem Store ein Paar Schuhe zu ergattern. Dafür gibt es natürlich keine Garantie, aber gelegentlich gewinnt jemand ein Instore-Raffle, mag die Schuhe aber eigentlich optisch gar nicht oder hat nur eine falsche Größe kaufen können. In diesem Fall ist derjenige froh, wenn er die Schuhe schnell und ohne großen Aufwand mit einem kleinen Gewinn verkaufen kann. Du kannst dir in diesem Fall sicher sein, keinen Fake gekauft zu haben, immerhin hat er die Schuhe direkt im Store gekauft. Allerdings solltest du eine gute Wertentwicklung bei diesem Modell erwarten, sonst lohnt sich der Kauf nicht.

Campouts

Für die hartgesottenen unter euch, bieten sich so genannte Campouts an. Beim Campout gilt: Hartnäckigkeit zahlt sich aus. Ein Campout startet oft bereits einige Tage vor dem offiziellen Release. Man hat eine hohe Chance auf die heiß ersehnten Sneakers, sofern man es tatsächlich schafft, immer vor Ort zu sein. Oftmals liegt eine Liste aus, in die man sich einträgt. Manche Stores führen diese Listen in Eigenregie, manchmal muss man sich selbst eintragen. Nicht nur der eigene Name, sondern auch die gewünschte Größe des Schuhs werden angegeben. Zu gewissen Zeiten gibt es Checks des Stores, um zu überprüfen, ob alle Personen, die auf der Liste stehen, noch anwesend sind. Wer bei diesen Checks, welche häufig drei Mal täglich stattfinden, nicht anwesend ist, wird von der Liste gestrichen. Das ist ärgerlich, wenn man recht weit oben auf der Liste war und sich nun wieder ganz unten eintragen muss, weil man zu spät wiedergekommen ist.

Einige Stores veranstalten auch so genannte Full-Campouts. Das bedeutet, es gibt keine festen Checkzeiten, sondern man muss tatsächlich über die komplette Zeit des Campouts anwesend sein, also auch nachts. Für Berufstätige ist es kaum durchführbar, drei bis fünf Tage vor dem Store oder in unmittelbarer Umgebung zu campieren, um bloß keinen Check zu verpassen, außer man wohnt und arbeitet in der Nähe und hat einen sehr kulanten Arbeitgeber. Urlaub zu nehmen wäre eine Option. Aber sind wir ehrlich, ein Campout ist sehr anstrengend und zeitraubend. Will man dafür wirklich seinen Urlaub opfern? Dafür hat man allerdings sehr gute Chancen, einen hochpreisigen Schuh günstig zu bekommen, wenn man weit oben auf der Liste steht und etwas Glück hat. Die Liste wird nämlich fairerweise von oben nach unten abgearbeitet. Der Erste auf der Liste, darf den Schuh zuerst kaufen, danach der Zweite und so weiter.

Im Gegensatz dazu, sind Instore-Raffles eindeutig entspannter. Am Release-Tag darf sich jeder, der anwesend ist, für die Verlosung eintragen. Öffnet der Store beispielsweise um acht Uhr, kann man sich von acht bis zehn Uhr für das Raffle eintragen. Um zehn Uhr oder kurz danach wird dann direkt live ausgelost, wer gewonnen hat.

Manchmal gibt es sogar für jede verfügbare Schuhgröße eine Los-Box, ansonsten muss man eben einfach hoffen, dass die gewünschte Größe noch vorhanden ist. Nach der Gewinnziehung dürfen die glücklichen Gewinner ihre Schuhe direkt kaufen. Somit hat man nur einige wenige Stunden im Store verbracht und nebenbei vielleicht noch einige hilfreiche Kontakte geknüpft, selbst wenn man nicht gewonnen hat.

Ebay Kleinanzeigen und Facebook-Gruppen

Einen Schuhkauf über Ebay Kleinanzeigen oder Facebook-Gruppen kann ich dir kurz nach einem Release empfehlen. Private Verkäufer, bieten ihre neu erworbenen Sneaker meist direkt nach dem Release auf EBay Kleinanzeigen oder in Facebook Gruppen zum Verkauf an.

Hier gibt es oft Sammel-Posts, in die alle, die kaufen oder verkaufen wollen, ihre Angebote und Gesuche in die Kommentare setzen. Meistens sind die Preise in Ordnung. Ist man Mitglied in einer Facebook-Gruppe, beispielsweise beim Sneakers-Stammtisch, kann man sich auch ein wenig Gewissheit verschaffen, mit wem man gerade Geschäfte macht, indem man andere Mitglieder, die man vielleicht bereits kennt oder auch den Administrator einfach einmal anschreibt und nachfragt, ob diese mit demjenigen bereits Geschäfte gemacht haben und er seriös ist.

Auch den Verkäufer selbst kann man nach Referenzen fragen. Sollte er öfter Schuhe in den Facebook-Gruppen verkaufen, kann er sicherlich einige Käufer nennen, die zufrieden waren. Dies kannst du einfach überprüfen, indem du diese Kontakte im Zweifelsfall direkt über den Messenger anschreibst und nachfragst. Das ist zwar auch keine Garantie, aber gibt zumindest etwas Sicherheit. Doch trotzdem ist Vorsicht geboten. Am besten solltest du die Ware immer persönlich abholen und dort bar bezahlen. So kannst du die Echtheit der Ware noch einmal überprüfen und bist auf der sicheren Seite, was den Erhalt der Ware angeht. Es gibt auf allen Plattformen schwarze Schafe, denen du Geld sendest, die dir die Ware aber nicht zuschicken.

Ist eine persönliche Abholung nicht möglich, weil die Distanz zu groß ist, lass dir Fotos schicken, besonders vom Herstelleretikett im Schuh und dem Stylecode auf dem Originalkarton. Bist du dir sicher, dass es sich um keinen Fake handelt und ihr einigt euch auf den Versand der Ware, dann zahle immer per Paypal für Waren und Dienstleistungen. So hast du, durch die Paypal Gebühr, zwar eventuelle Mehrkosten in Höhe von 2,5%, aber kannst dir sicher sein, dass Geld auch wiederzubekommen, sollte sich herausstellen, dass du einem Betrüger aufgesessen hast.

Die meisten Verkäufer werden es ablehnen, die zusätzliche Paypal Gebühr zu übernehmen. Das liegt daran, dass der Verkäufer keinerlei Vorteile durch den Käuferschutz hat, sondern durch die Gebühr sein Gewinn geschmälert wird und er im äußersten Fall noch zusätzliche Arbeit hat.

Im schlimmsten Fall greift aber genau dieser Käuferschutz, sollte es sich doch um eine Fälschung handeln oder wenn der Verkäufer die Ware einfach nicht zuschickt. Du solltest daher niemals mit Paypal für „Freunde und Verwandte" zahlen, denn dann greift der Käuferschutz nicht. Banküberweisungen sind keine geeignete Option für den Geldtransfer. Sollte etwas nicht in Ordnung sein kannst du das Geld nicht zurückfordern.

Kauf von anderen Resellern

Eine andere Möglichkeit, Schuhe einzukaufen, besteht darin, einem anderen Reseller eine größere Menge abzukaufen. Dies lohnt sich vor allem, wenn man in diesem Schuh viel Potential sieht. Professionelle Reseller, die schon länger im Geschäft sind, können größere Mengen einzukaufen, sei es durch regulären Ankauf oder Bots.

Kauft man nun direkt beim Reseller und nimmt gleich eine größere Stückzahl, wie beispielsweise 10 Paar, kann man oft einen Mengenrabatt aushandeln. Für den Verkäufer ist dies von Vorteil, da er sich nur einmal um den Versand kümmern muss und er viel Kapital auf einen Schlag erhält. Aber auch für dich als Käufer hat diese Methode Vorteile, denn du kannst sicher sein, dass die Ware echt ist und du sie auch erhältst. Nachteil dieser Methode: Selbstverständlich möchte der andere Reseller auch etwas verdienen und wird dir voraussichtlich keinen Mega-Rabatt geben können.

Backdoor

Backdoor-Geschäfte sind besonders für Anfänger sehr schwierig einzufädeln und liegen noch dazu in einer Grauzone, was die Legalität angeht. Ich will an dieser Stelle niemanden dazu auffordern Backdoor Geschäfte abzuwickeln.

Backdoor-Geschäfte laufen nach Folgendem Muster ab:

Ein Store-Besitzer erhält normalerweise circa drei bis vier Wochen vor Release die neue Ware. In unserem Beispiel einen Jordan 1. Die unverbindliche Preisempfehlung von Nike liegt bei 150€ pro Paar. 100 Paare werden dem Store-Besitzer geliefert. Nun kontaktiert der Store-Besitzer seinen lokalen Reseller und macht mit ihm einen Deal: Der Reseller kauft bereits Wochen vor dem Release 30 Paar Jordan 1, allerdings zu einem Preis von 250€ pro Paar. Dieser Preis ist für den Reseller immer noch extrem günstig, da die Prognose für diesen Schuh sehr gut ist und er einige Wochen nach dem Release wahrscheinlich einen Marktpreis von 400 Euro haben wird.

Der Store-Inhaber erhält durch den Deal mit dem Reseller insgesamt 7.500 Euro. Von diesem Geld legt er am Release-Tag 4.500 Euro, also den offiziellen Verkaufspreis für die 30 Paar Schuhe, in die Kasse. Die Differenz von 3000

Euro steckt er einfach so in seine Tasche. Ein guter Deal, aber leider nicht ganz legal!

Diese Art von Geschäften könnte unter Umständen auch ein böses Ende für den Store-Besitzer haben, denn Geschäfte dieser Art, sind den großen Herstellern selbstverständlich ein Dorn im Auge. Sollte der Hersteller, in unserem Fall Nike, von diesem Backdoor-Geschäft erfahren, wird dem Store oft ein Teil oder die komplette Lizenz entzogen.

Für Reseller sind Backdoor-Geschäfte natürlich ein sehr gutes Geschäft, denn er hat gleich viele Paare zu einem sehr guten Preis kaufen können und kann sich der Echtheit der Ware sicher sein. Ein paar Tage nach dem Release kann er seine Schuhe mit einem satten Gewinn verkaufen.

Meist kommen solche Geschäfte aufgrund des hohen Risikos für den Store-Manager nur unter sehr gut bekannten Partnern vor, die sich bereits länger kennen. Ich gehe stark davon aus, dass im Vorfeld auch jede Menge Geld im Spiel ist und die Store-Besitzer eine Art Schmiergeld erhalten. Für den Geschäftsinhaber stellt dieses Geschäftsgebaren in jedem Fall ein erhebliches Risiko dar.

Onlinekäufe durch Bots

Neben den bereits erwähnten Möglichkeiten Schuhe zu kaufen, gibt es einige Reseller die Bots zum Sneaker-Einkauf einsetzen. Die inzwischen weit verbreiteten Bots sind ein sehr komplexes Thema, das ich gerne etwas näher erläutern möchte. Ein Bot ist vereinfacht gesagt ein Programm, welches, einmal richtig programmiert, den Onlinekauf von bestimmten Waren oder Gütern komplett automatisch abwickelt.

Der Einsatz eines Bots ist grundsätzlich nicht illegal. In der Sneaker-Szene ist der Einsatz jedoch durchaus umstritten. Reseller, die einen Bot einsetzen, haben gegenüber anderen Resellern, die keinen Bot einsetzen klare Wettbewerbsvorteile. Mit Hilfe eines Bots kann ein Reseller sehr viele Schuhe in sehr kurzer Zeit von einem bestimmten Model bestellen. Reseller und andere private Kunden, die keinen Bot beim Onlinekauf einsetzen gehen dann schnell leer aus.

Händler versuchen daher die Verwendung von Bots zu unterbinden oder einzuschränken, indem sie unter anderem bereits in ihren Allgemeinen Geschäftsbedingungen festlegen, dass sie sich das Recht vorbehalten, Bestellungen von Bots zu stornieren. Häufig sind die Bots jedoch so geschickt eingestellt und programmiert, dass Bestellungen über einen Bot nicht erkannt werden.

Will man einen Bot nutzen, bedeutet das nicht, dass das Programm die komplette Arbeit übernimmt, denn damit ein Bot richtig funktioniert, muss man selbst viel Arbeit investieren. Ein Bot muss richtig gepflegt und auch regelmäßig gewartet werden, sonst kann er nicht richtig funktionieren.

Daher ist es notwendig, den Bot im Vorfeld mit allen wichtigen Daten zum Einkauf zu versorgen. Der Bot muss wissen, welches Schuhmodel er in welchen Größen kaufen soll. Der Link des Produktes auf der Homepage des Händlers ist einzupflegen, damit der Bot überhaupt weiß, wo er suchen soll. Steht die Ware bereits online, doch die Kaufoption ist noch nicht freigeschaltet, kann man den Bot trotzdem bereits damit füttern. Viele Online-Shops wollen das jedoch umgehen und stellen die Schuhe erst am Releasetag online. Man kann den Bot darauf einstellen, indem man nicht den direkten Link einpflegt, sondern den Namen des Schuhs, nach dem er suchen soll.

Wie Bots die Händler austricksen

In beiden Fällen kauft der Bot, sobald eine Kaufmöglichkeit besteht. Um die Bot-Kontrollen der Händler zu umgehen, muss man verschiedene Lieferadressen einpflegen, wobei man in diesem Bereich allein bei der Schreibweise der Straße diverse Möglichkeiten hat. So wird aus der „Hauptstraße“ die „Haupt-Straße“ oder auch die „Hauptstr.“

Ebenfalls einzupflegen sind verschiedene Käufernamen, wobei man hier nicht nur bei der Schreibweise seines eigenen Namens kreativ sein kann. Am besten greift man in diesem Fall auch auf Mutter, Vater oder Geschwister zurück. Unterschiedliche Mailadressen, die man im Vorfeld bereits angelegt hat, sowie diverse Zahlungsvarianten erhöhen die Chance, dass die Käufe des Bots bei einer Überprüfung durch den Händler nicht auffallen und problemlos abgewickelt werden.

Eine gute Möglichkeit, verschiedene Zahlungsarten zu generieren, sind Kreditkarten. Bei Revolut kann man beispielsweise ein Girokonto eröffnen und bekommt eine Kreditkarte dazu. Nun kann man mit dieser Hauptkreditkarte mehrere digitale Kreditkarten verknüpfen. All diese digitalen Karten haben unterschiedliche Nummern, buchen aber alle von der Hauptkreditkarte ab. Dieses System ist eigentlich für Firmen angedacht, um die Zahlungseingänge und Zahlungsausgänge der verschiedenen digitalen Karten einzeln aufschlüsseln zu können. Dies erleichtert später die Buchhaltung

Ebenfalls ist es ratsam, sich Proxys zu besorgen, welche für jede Bestellung eine andere IP-Adresse generieren, denn oftmals gibt es direkt im Store eine Sperre, wenn man versucht, immer mit der gleichen IP-Adresse einzukaufen.

Reaktion der Händler

Händler haben inzwischen häufiger Captures bei der Kaufabwicklung eingebaut, die der Bot nicht umgehen und somit keine Bestellungen tätigen kann. Captures gibt es in verschiedenen Ausführungen. Am geläufigsten sind separate Kästchen, in die man einen Haken setzen muss bei „Ich bin kein Roboter" oder Mosaik-Bilder, bei denen man alle Einzelbilder markieren muss, auf denen zum Beispiel ein Auto zu sehen ist. Auch kommt es häufig vor, dass man eine abgebildete Zahlen-Kombination korrekt eingeben muss.

Hin und wieder schaffen es auch die großen Stores, Bots auszutricksen und nutzlos zu machen. Manche nennen einen URL-Link, der zu einem komplett anderen Schuhmodell führt. Einem Menschen fällt dies sofort, nicht aber dem Bot. Der Bot kauft dann den falschen Schuh.

Bots kaufen

Jeder Bot ist auf einen bestimmten Store spezialisiert. Für mehrere verschiedene Stores braucht man also mehrere Bots. Die Software kann man in der Regel kostenlos herunterladen, allerdings funktioniert ein Bot ohne Lizenz nicht. Durch den Kauf einer Lizenz erhält man einen Verifizierungscode für ein Endgerät und der Bot ist einsatzbereit.

Informiere dich vor dem Einsatz eines Bots auf der Webseite www.discord.com, welcher Bot für welchen Store am besten geeignet ist. Discord ist ein Onlinedienst, der vor allem für Chat, sowie Sprach- und Videokonferenzen genutzt wird.

Inzwischen gibt es auch eine eigene App von Discord, die die Nutzung noch einfacher gestaltet. Ursprünglich für Computerspieler erschaffen, wird die Plattform in der Zwischenzeit auch vermehrt für andere Bereiche genutzt.

Vor allem für das Sneakers-Reselling gibt es spezielle Gruppen. In manchen Gruppen werden nur allgemeine Erfahrungen ausgetauscht, in anderen kann man sich darüber informieren, welcher Bot gut für welchen Store geeignet ist.

In manchen Gruppen gibt es bestimmte User, die den ganzen Tag spezielle Suchprogramme laufen lassen, die herausfiltern, wo und wann neue interessante Sneaker herauskommen. Gibt es dort Neuigkeiten, bekommt man eine Benachrichtigung, wenn man in dieser Gruppe Mitglied ist. Selbstverständlich gibt es solche Informationen nicht gratis. Die Nutzung von Discord als Plattform ist kostenlos, in den speziellen Gruppen, die für das Reselling interessant sind, liegt der Monatsbeitrag jedoch oft zwischen 20 und 50 Euro.

Wenn du also vorhast dir einen Bot anzuschaffen, kann ich dir Discord nur empfehlen. In speziellen Gruppen kann man sich nicht nur über Erfahrungen mit Bots austauschen, sondern auch eine Lizenz für den gewünschten Bot ergattern. Lizenzen für Bots sind im Regelfall nämlich noch schneller ausverkauft als die Schuhe, die man damit kaufen kann. Die Programmierer der Bots halten die Stückzahlen der Lizenzen absichtlich gering, damit sie eine gute Erfolgsquote garantieren können. Denn je mehr Personen den gleichen Bot mit der gleichen Technologie nutzen, desto geringer ist die Erfolgsquote. Manchmal geben die Programmierer Lizenzen als Restock heraus, das heißt, es kommen noch einmal eine geringe Menge Lizenzen für diesen Bot auf den Markt. Doch auch diese sind rasend schnell ausverkauft. Oftmals bleibt so nur der Zweitmarkt, also wenn jemand seine Lizenz nicht mehr benötigt und abgibt. Dort kann die Lizenz für einen guten Bot durchaus bis zu 1.000 Euro kosten. Bei einem Neupreis von 100 bis 500 Euro ist das natürlich ziemlich teuer, doch erhöht es die Chancen, hochpreisige Releases zu bekommen, enorm.

Bot-Lizenzen

Es gibt zwei verschiedene Arten von Lizenzen für Bots. Bei manchen Bots hat man lediglich eine Einmalzahlung zu leisten und kann den Bot dann so lange verwenden wie man möchte. Nachteil solcher Bots: Es gibt für diese Bots oftmals keine Updates oder Verbesserungen, da es den Programmierern nach dem Verkauf keinen Gewinn mehr einbringt.

Andere Lizenzen laufen nach einer gewissen Dauer ab und müssen nach 1-6 Monaten gegen Zahlung einer Gebühr verlängert werden. Bots, deren Lizenzen nach einer bestimmten Zeit verlängert werden, sind natürlich besser, da die Programmierer im Zuge der Lizenzverlängerungen auch immer Updates durchführen.

Je größer der Online-Store, desto mehr Bots werden auf ihn angesetzt. Das liegt oft daran, dass beispielsweise Footlocker häufig ein sehr hohes Kontingent an Schuhen hat, aber kein zentrales Lager für Deutschland. Die kompletten Bestände lagern in einem europäischen Zentrallager, auf das alle Stores zugreifen und aus dem alle Bestellungen versendet werden. Bei tausenden Bestellungen täglich, ist es Footlocker kaum möglich, die Bestellungen auf Bot-Käufe zu kontrollieren. Bei einem kleineren Store, der vielleicht nur 100 Paare des Releases zu Verfügung hat, sieht das ganz anders aus. Hier wird dann viel stärker kontrolliert, ob bei mehreren Bestellungen Name und / oder Adresse ähnlich sind. Fallen den Mitarbeitern Ungereimtheiten auf, wird die Bestellung storniert.

Daher hat man aufgrund der Bots, bei Footlocker bei einem Release kaum eine Chance, manuell Schuhe zu erwerben.

Für wen sind Bots interessant?

Abschließend kann man sagen, dass Bots nur für Menschen in Frage kommen, die bereits etwas Erfahrung im Programmieren von Software haben. Außerdem sollte man im Sneaker Game bereits etwas Erfahrung gesammelt haben.

Reines Sneaker-Wissen hilft nicht dabei, Bots richtig zu pflegen, damit sie ihre Arbeit korrekt erledigen können. Das stetige Anpassen der Einstellungen, um auf diverse Änderungen in den Online-Shops zu reagieren, der Neukauf von Proxys kostet viel Zeit, Geld und ein gewisses Know-How.

Hat man dann beim Einpflegen der Daten einen Fehler gemacht, weil man zu wenig Ahnung vom Programmieren hat, zahlt man unter Umständen viel Lehrgeld und der Frust ist groß. Bots sind tatsächlich eine Wissenschaft für sich und mit Vorsicht zu genießen.

Tipps für Onlinekäufe

Wenn sich dir die Chance bietet, bei einem Release in einem Online-Shop gleich mehrere Paare regulär auf einmal zu kaufen, rate ich dir, dies auf jeden Fall zu tun. Steigt der Wert nach dem Release an, kannst du die Schuhe mit einem Gewinn direkt bei StockX oder einer anderen Plattform verkaufen. Steigt der Wert nicht, kannst du einfach das Rückgaberecht des Händlers nutzen und die Schuhe zurücksenden. Besonders bei deutschen Online-Shops gehst du im Fall einer Retoure kein Risiko ein, da die Rückgabe in der Regel kostenlos ist.

Denk aber daran, dass das Rückgaberecht irgendwann ausläuft. Wenn du das Retourdatum verpasst, nimmt der Händler die Ware nicht wieder zurück und du zahlst Lehrgeld.

Damit so etwas nicht passiert, empfehle ich dir, eine Excel-Tabelle anzulegen. So behältst du die Übersicht bei deinen An- und Verkäufen. Trag ein, wann und wo du welches Schuhmodel zu welchem Preis angekauft hast. Zwei weitere Spalten benötigst du für den Verkaufspreis und das Datum des Verkaufs.

Eine weitere Spalte kann dir Hinweise auf das gerade angesprochene Retoure-Datum geben. So kannst du dir einige Tage vor Ablauf des Rückgaberechts, den Schuh auf Wiedervorlage legen und bei StockX seinen aktuellen Wert abfragen. So hast du bei einem schlechten Kurs noch genügend Zeit, den Schuh zu retournieren.

Mithilfe der gesammelten Tabellendaten kannst du am Jahresende auch die Einnahmen-Überschuss-Rechnung in deiner Steuererklärung schnell und einfach ausfüllen.

Fälschungen

Fälschungen von Sneaker gibt es schon sehr lange, doch die Qualität der Fakes ist in den letzten Jahren wesentlich besser geworden. Das liegt am stetig größer werdenden Sneaker-Markt und den hohen Preisen, die für manche Modelle mittlerweile aufgerufen werden. Für die Hersteller von Fälschungen ist der Sneaker-Markt daher sehr lukrativ. Mit einer gutgemachten Fälschung lassen sich im besten Fall Millionen verdienen. In Asien sind die Löhne wesentlich niedriger als bei uns und die Produktionskosten für den Schuh sind sehr niedrig.

Auf der anderen Seite herrscht bei vielen Kunden und Konsumenten eine „Geiz-ist-Geil“ Mentalität. Viele sehen nicht ein, für ein Paar Turnschuhe mehrere hundert Euro zu bezahlen und kaufen sich lieber eine deutlich günstigere Fälschung. Fälschungen kommen also deshalb zustande, weil es am Markt ein Angebot und eine Nachfrage gibt.

Kurz nach dem Release eines Schuhs ist die Qualität der Fakes häufig noch nicht besonders hoch. Die Qualität der Fälschungen wird aber zunehmend besser, je länger sich der Schuh auf dem Markt befindet. Eine gut gemachte Fälschung braucht einfach etwas Zeit.

Inzwischen ist es wesentlich einfacher geworden, Fake-Schuhe direkt in Asien zu bestellen. In der Reseller Community gibt es leider genügend schwarze Schafe, die sich auf den Handel mit Fake-Schuhen spezialisiert haben und große Mengen an Fake-Schuhen importieren. Mittlerweile gibt es auch viele Endverbraucher, die ihre Fälschungen direkt beim asiatischen Hersteller oder über Zwischenhändler beziehen. Diese Endverbraucher und Reseller überschwemmen dann den Markt mit den gefälschten Schuhen und verkaufen sie gewinnbringend auf eBay Kleinanzeigen oder auf anderen Verkaufsplattformen.

Rechtliche Situation

In Asien gibt sehr viele Hersteller von Fälschungen, da es dort nicht verboten ist, Produkte zu kopieren. Hier in Deutschland ist rechtliche Situation jedoch etwas anders.

Wer Fälschungen herstellt oder damit Handel betreibt macht sich strafbar. Wer also Reselling mit Fake-Schuhen betreibt kann sich große Probleme einhandeln. Als Reseller muss man daher aufpassen, aus Unwissenheit mit Fake Schuhen zu handeln. Speziell für Anfänger ist es oft schwierig, eine Fälschung vom Original zu unterscheiden.

Wie du Fakes entlarven kannst

Häufig haben Einsteiger im Reselling noch keinen höherpreisigen Schuh in der Hand gehabt. Doch genau das hilft enorm. Wenn du ein gutes Netzwerk hast, kannst du sie eventuell bei einem Bekannten ansehen und anfassen. Hat man ein Original einige Male in der Hand gehalten, sehr genau betrachtet und gefühlt, bekommt man ein Gefühl dafür, was ein Originalschuh ausmacht.

Ein original Vergleichspaar, welches sich bereits in seinem Besitz befindet, kann ebenfalls herangezogen werden, um einen Fake aufzuspüren.

Viele Fälschungen fallen auf den ersten Blick gar nicht auf. Erst bei intensiverer Betrachtung sind Unterschiede auszumachen.

Fühlt sich das Leder genauso an?

Sind die Nähte bei beiden Schuhen gleich und sauber vernäht?

Achte auch auf das Etikett im Schuh, denn Fälscher konzentrieren sich oft nur auf das Äußere des Schuhs und vernachlässigen das Innere. Bei vielen Schuhen kann man am Etikett direkt eine schlechte Fälschung erkennen. Allerdings wird im Sneakers-Bereich tatsächlich alles gefälscht. Einige Fake-Hersteller geben sich mittlerweile auch beim Etikett einige Mühe.

Sofern man den Schuh persönlich überprüft, ist es zielführend, die Innensohle des Schuhs herauszunehmen. Dies ist bei allen Originalschuhen problemlos möglich. Auf diese Weise hat man freie Sicht auf die Nahtstellen der inneren Sohle. Ist die Naht innen sauber vernäht oder ist sie eingeklebt? Im zweiten Fall lässt du lieber die Finger davon, da es sich dann mit großer Wahrscheinlichkeit um einen Fake-Schuh handelt.

Kartons sieht man es aber in der Regel auf den ersten Blick an, dass sie nicht original sind. Bei Rechnungen ist das anders. Jeder Rechnungsbeleg ist anders aufgebaut und es ist, besonders als Neuling, nicht einfach, eine gefälschte Rechnung zu erkennen.

Der Rechnungs-Trick

Vor einigen Jahren gab es zum Beispiel zu einem Fake-Schuh eine gefälschte Footlocker-Rechnung. Die Rechnung sah absolut echt aus und war von einer originalen Foodlocker-Rechnung nicht zu unterscheiden. Nur ein winziges Detail gab den Hinweis, dass es sich um einen Fake handelte: Bei allen Footlocker-Rechnungen steht ganz unten immer der Name des Verkäufers. Dies war auch bei der gefälschten Rechnung der Fall. Allerdings stand auf allen Fake-Rechnungen der gleiche Name (Serena). Diese Information ging recht schnell durch alle Sneaker-Netzwerke und jeder Reseller, der auf einer angeblichen originalen Rechnung „Verkäufer Serena“ las, wusste direkt Bescheid.

Besonders bei extrem günstigen Preisen sollte man beim Einkauf etwas skeptisch sein. Wenn der Schuh überall 600 Euro kostet, warum sollte ihn jemand für die Hälfte verkaufen? Hier sollten dann spätestens die Alarmglocken angehen.

Wenn man beim Verkäufer dann nachfragt, warum er die Schuhe so günstig anbietet hört man häufig folgendes: „Ich gebe die Schuhe so günstig her, da sie ein Geschenk waren.“

Natürlich ist das Bullshit. Der Verkäufer weiß, dass er Fake-Schuhe verkauft und möchte jetzt einen Dummen finden und möglichst schnell Kasse machen.

Der Originalkarton ist ein Sicherheitsaspekt

Ich würde dir dringend empfehlen, immer nur Schuhe mit Originalkarton zu kaufen. Erstens sieht man, wie bereits erwähnt, dem Karton die Fälschung oftmals schon an. Zweitens ist der Karton im Weiterverkauf sehr wichtig. Schuhe ohne Karton können nicht so hochpreisig verkauft werden wie Schuhe mit Originalkarton. Für viele Sammler sind Schuhe ohne Karton einfach nicht interessant. Außerdem ist ein Karton für die Lagerung wichtig. Hat der Verkäufer keinen Karton, lieber vom Kauf ablassen. Zum Lieferumfang gehört also neben den Schuhen immer der Karton und im besten Fall auch die Kaufrechnung.

Die Checkcheck App

Viele Fälschungen sind durch die ausschließliche Betrachtung der Produktbilder recht schwer zu entlarven. Solltest du dir nicht sicher sein, ob du einen Fake vor dir hast, kann dir die App checkcheck eine große Hilfe sein. Die App kann kostenlos heruntergeladen werden und ist sowohl für Android als auch für IOS verfügbar.

Die Mitarbeiter von Checkcheck prüfen den ganzen Tag Sneakers auf ihre Echtheit und sind in diesem Bereich echte Profis. Auf ihre Einschätzung kannst du vertrauen.

Der Check funktioniert folgendermaßen: Zunächst wählt man das zu überprüfende Modell in der App aus. Daraufhin fordert die App Fotos von bestimmten Teilen des Schuhs an, beispielsweise von der Sohle, von dem Etikett, vom Karton oder von der Naht unter der Innensohle. Hat man die angeforderten Fotos hochgeladen, heißt es abwarten. Man kann zwischen zwei verschiedenen Checkvarianten auswählen. Soll der Check innerhalb sehr kurzer Zeit erfolgen, kann man die Variante „bis 30 Minuten“ auswählen. Diese ist mit circa 2,50€ etwas teurer und bietet sich an, wenn du grad persönlich beim Verkäufer bist, um den Schuh abzuholen.

Wähle diese Option aus und trinkt noch gemütlich einen Kaffee miteinander. 30 Minuten später bekommst du dann das eine schriftliche Auswertung des Tests und weißt, ob du den Schuh ohne Risiko ankaufen kannst. Die zweite Möglichkeit ist der Check innerhalb von 12 Stunden, wobei hier, je nach Auftragslage, das Ergebnis auch bereits nach 2 Stunden vorliegen kann. Diese Variante ist mit unter einem Euro günstiger und eignet sich hervorragend, wenn du den Schuh bereits gekauft und bei dir zu Hause hast.

Vorsicht bei Bildern

Wenn du die Schuhe nicht persönlich abholen kannst, wird dir der Verkäufer eventuell anbieten, dir vorab einige Fotos von dem Sneaker zu schicken, damit du anhand dieser Bilder die Echtheit überprüfen kannst. Hier musst du sehr vorsichtig sein. Der Verkäufer hat möglicherweise ein originales Schuhpaar in seinem Besitz und schickt dir jetzt die Fotos vom Original. Du bekommst dann von Check-check die Auskunft, dass die Schuhe echt sind, und kaufst sie auf Grundlage dieser Einschätzung. Der Verkäufer sendet dir dann aber im Anschluss den Fake-Schuh zu.

Solltest du also keine Möglichkeit haben, den Schuh persönlich abzuholen, lass ihn dir einfach zuschicken und bezahle mit Paypal für Waren und Dienstleistungen. Wenn du einen Fake zugeschickt bekommen hast, kannst du dir das Geld einfach wieder zurück überweisen lassen.

Kapitel 4 | Schuhe verkaufen

Auf den vorherigen Seiten habe ich dir einige Tipps und Tricks zum Schuheinkauf gegeben. Vielleicht hast du auf Grundlage dieser Hinweise schon einen Sneaker im Auge, den du demnächst kaufen möchtest. Zum erfolgreichen Reselling gehört aber auch das Verkaufen. Auf den nächsten Seiten wird es daher darum gehen, auf welche Weise du deinen gekauften Schuh gewinnbringend verkaufen kannst.

Haltedauer

Bevor ich mich der Frage widme, über welche Kanäle und Plattformen sich Schuhe gut verkaufen, möchte ich zunächst die Haltedauer eines Schuhs thematisieren. Wie lange sollte man einen Schuh behalten, um einen möglichst hohen Gewinn zu erzielen?

Diese Frage lässt sich pauschal nicht mit einer bestimmten Zeitspanne beantworten. Im Normalfall steigt der Wert nach dem Release stetig an, bis irgendwann der Punkt erreicht ist, an dem der Preis stagniert oder sogar leicht wieder fällt. Auf StockX kannst du über den angezeigten Chart die Wertentwicklung eines Schuhs verfolgen.

Wie beim Aktienhandel sollte es auch im Sneaker-Business das primäre Ziel sein, den Sneaker zu verkaufen, wenn sein Marktwert am höchsten ist. Leider kann niemand vorhersehen, wie sich der Marktpreis eines Schuhs entwickelt. Somit ist die Frage nach der Haltedauer immer auch ein wenig Kaffeesatzleserei.

Solltest du über einen Verkauf nachdenken, ist es zuallererst wichtig, dass du dich regelmäßig über den Chartverlauf des Schuhs zu informierst. Wenn du beobachtest, dass der Wert nach einem Anstieg für eine längere Zeit konstant bleibt, ist das eventuell ein guter Zeitpunkt zu verkaufen. Man spricht in diesem Zusammenhang auch von einer so genannten Plateaubildung. So erzielst du einen guten Gewinn und kannst dieses Geld gleich wieder in neue Schuhankäufe investieren.

Bei Modellen, die nicht sehr beliebt sind, kann es sich auch lohnen bereits eine Woche nach dem Release zu verkaufen und zumindest einen kleinen Gewinn mitzunehmen. In der Regel ist die Chance, dass unbeliebte Modelle eine große Wertsteigerung hinlegen nicht sehr groß.

Durch einen schnellen Verkauf hat man sein Kapital nicht lange gebunden und macht schnell wieder Lagerkapazitäten frei. Bei beliebten Modellen, die noch dazu limitiert sind, ist die Chance auf eine größere Wertsteigerung hingegen recht groß. Solche Schuhe haben das Potential auch langfristig immer weiter im Wert anzusteigen. Hier lohnt es sich nicht zu früh zu verkaufen und auf den richtigen Zeitpunkt zu warten. Wenn du nicht unbedingt auf das Geld angewiesen bist, kann eine längere Haltedauer von 2-3 Jahren durchaus lohnenswert sein.

Ein guter Indikator für die richtige Haltedauer sind ältere Modelle, die du zum Vergleich heranziehen kannst.

Ein Beispiel:

Anfang des Jahres kamen schwarze Yeezys für 200 Euro auf den Markt. Ihr Wert lag kurz nach dem Release bereits bei 250 Euro. Das wäre ein netter kleiner Gewinn gewesen, wenn man sie verkauft hätte. Im Vorjahr wurden drei andere Yeezy rausgebracht, die den schwarzen Yeezys aus dem Jahr 2020 sehr ähnelten. Sie waren ebenfalls alle schwarz und hatten fast die gleiche Auflage. Diese älteren Yeezys haben inzwischen einen Wert von 400 bis 500 Euro.

Es ist daher sehr wahrscheinlich, dass die aktuellen schwarzen Yeezys aus dem Jahr 2020 eine ähnliche Wertsteigerung machen, wie die Vorgängermodelle aus den vergangenen Jahren. In diesem Fall macht es also Sinn, den neuen Release nicht sofort zu verkaufen, sondern abzuwarten bis höhere Preise erreicht sind.

Den Schuhverkauf vorbereiten

Wenn du deine Sneaker auf einer Verkaufsplattform zum Verkauf anbieten möchtest, benötigst du zunächst einmal gute Produktfotos. Ein gutes Foto spricht mehr Kunden an und erhöht erheblich die Chance auf einen Verkauf. Eine gute Smartphone-Kamera ist zu Beginn vollkommen ausreichend. Später, wenn man das Reselling professioneller betreibt, ist es durchaus angebracht, eine gute Spiegelreflexkamera und ein Bildbearbeitungsprogramm zu verwenden.

Verwackelte, unscharfe oder zu dunkle Bilder sind ein absolutes No-Go, ganz besonders im hochpreisigen Bereich. Dem Käufer kommen bei schlechten Bildern sofort Zweifel, ob die Schuhe tatsächlich original sind oder ob der Verkäufer vielleicht etwas vertuschen will. Klare, scharfe Bilder, die man im Idealfall mit Tageslicht und vor einem weißen oder grauen Hintergrund macht, sind in diesem Fall die erste Wahl und sehen professionell und vertrauenswürdig aus. Wer nicht ausreichend Tageslicht zur Verfügung hat, kann auch einen zusätzlichen Blitz oder ein Dauerlicht einsetzen.

Wenn du regelmäßig Schuhe verkaufen möchtest, kannst du auch über den Kauf einer Fotobox nachdenken. Fotoboxen sind mit LEDs bestückt und bieten je nach Qualität der Fotobox eine gute Ausleuchtung. Du hast bei einer Fotobox auch häufig eine Auswahl an verschiedenen Hintergrundfarben.

Wenn du keine Fotobox verwenden möchtest, solltest du beim Fotografieren verschiedene Standorte und Einstellungen ausprobieren, um die besten Resultate zu erzielen.

Du benötigst für jeden Schuh, den du verkaufen möchtest, zumindest vier Bilder. Du solltest den Schuh gerade auf seinem Karton positionieren und dann ein Foto von vorne, eins von hinten und eins von der Seite machen. Ein Foto der Sohle komplettiert die Rundumansicht. Sollte ein Käufer es wünschen, kannst du natürlich auch noch weitere Fotos machen, beispielsweise von der Kaufrechnung.

Bei mindestens einem dieser Fotos legst oder stellst du deine Namenskarte dazu. Dieses so genannte Tagpic bestätigt, dass es sich um deinen eigenen Schuh handelt und du die Fotos nicht einfach bei eBay Kleinanzeigen oder anderen Plattformen kopiert hast. Natürlich kann man einfach ein Blatt Papier neben den Schuh legen, auf den man mit Kugelschreiber seinen Vornamen geschrieben hat.

Schöner und vor allem auch professioneller wirkt eine kleine Karte aus Tonpapier oder Karton, die man am Computer ausgedruckt hat. Diese kann man auch wesentlich öfter verwenden, was auch gleichzeitig einen gewissen Wiedererkennungswert hat. Manche Reseller werden in diesem Bereich sehr kreativ und stellen beispielsweise eine Cola-Dose mit ihrem Namen neben den Schuh. Dein Vorname ist ausreichen. Der Nachname und die Anschrift gehören nicht auf ein Tagpic.

Für den Verkauf in Facebook-Gruppen ist es absolut notwendig, mindestens ein Foto mit Tagpic beim Verkauf einzustellen. Vergisst man es, kann es sein, dass der Post gelöscht und man eventuell sogar komplett aus der Gruppe entfernt wird. Bei eBay Kleinanzeigen ist es kein Muss, aber ich empfehle es dir trotzdem.

Beim Versand sollte die Kaufrechnung des Schuhs, sofern vorhanden, immer beigelegt werden. Als Verkäufer mit Kleingewerbe bist du allerdings nicht verpflichtet, eine Rechnung über den Verkauf der Schuhe auszustellen.

Sollte der Kunde dennoch eine Rechnung wünschen, kannst du diese schnell und einfach über Paypal erstellen. Natürlich nur, wenn die Zahlung über Paypal für Waren und Dienstleistungen abgewickelt wurde. Handelt es sich beim Käufer um einen professionellen Reseller, sollte vorher abgeklärt werden, ob eine Rechnung mit ausgewiesener Mehrwertsteuer benötigt wird.

Der Schuhverkauf

Als privater Reseller ist es dir nicht möglich, deine Schuhe als Raffle oder Campout anzubieten. Ansonsten funktionieren aber die gleichen Plattformen wie beim Einkauf der Schuhe. Viele Reseller nutzen inzwischen außerdem Vinted. Vinted ist die Zusammenlegung von Mamikreisel und Kleiderkreisel. Vinted ist kostenlos und wird unter anderem deshalb von sehr vielen Menschen genutzt.

An Reseller verkaufen

Nicht nur beim Ankauf von Schuhen, sondern auch beim Verkauf ist ein gutes Netzwerk unglaublich hilfreich. Hast du in deinem Netzwerk größere Reseller, die Reselling eventuell sogar hauptberuflich betreiben? Dann kann es nicht schaden, Eigeninitiative zu zeigen und deine Kontakte einfach einmal anzuschreiben, um ihnen deine Schuhe anzubieten. Dein Gewinn wird zwar etwas kleiner ausfallen, da der andere Reseller beim Verkauf auch noch etwas verdienen will, doch wenn du mehrere Paare günstig eingekauft hast, ist der direkte Verkauf an andere Reseller sehr praktisch. Du wirst alle Paare auf einmal los und hast nicht so viel Arbeit mit Verkauf und Versand. Darum muss sich dann der größere Reseller kümmern. Für ihn hat so ein Ankauf den Vorteil, dass er gleich mehrere Paare auf einmal einkaufen kann. Für beide eine Win-Win-Situation.

Consignment-Shops

Eine weitere Möglichkeit, deine Schuhe zu verkaufen, sind Consignment-Shops. Shops dieser Art bieten Kommissionsgeschäfte an. Man findet sie in großen Städten wie Berlin, Hamburg oder München. Viele dieser Shops sind auf Sneakers und dazu passende Streetwear spezialisiert.

Consignment Shops verkaufen die Schuhe von privaten Verkäufern oder Resellern auf Kommission.

Die Provisionshöhe liegt meist bei 20% des Verkaufswerts und wird direkt auf den Preis aufgeschlagen. Will man seine Schuhe für 200 Euro verkaufen, wird der Schuh also direkt mit 240 Euro ausgezeichnet. Der Shop-Inhaber prüft die Schuhe vor dem Ausstellen noch einmal auf Echtheit, denn es würde seinem Ruf erheblich schaden, wenn er Fälschungen im Regal stehen hätte. Trotz der Prüfung ist diese Geschäftsmethode für den Shop-Inhaber einfach und stressfrei und zusätzlich bindet er kein eigenes Kapital.

Für den Verkäufer bietet es den Vorteil, dass man selbst keine große Lagerfläche zu Hause benötigt und täglich potentielle Kunden in den Store kommen, die möglicherweise genau diesen Schuh suchen. Consignment-Shops in der näheren Umgebung findet man ganz einfach über die Google-Suche in Verbindung mit dem Wort „Sneaker". Es gibt einige große Consignment-Stores, wie VADITIM in Berlin oder der HypeneedzStore in München. Letzterer bietet neben Consignment auch direkten Resell an.

StockX

Schuhe über StockX zu verkaufen geht einfach und ist sehr bequem. Wenn ihr einen Schuh über StockX verkaufen möchtet, müsst ihr euch zunächst auf dieser Plattform anmelden. Für jeden Schuh erscheinen immer zwei Buttons mit den aktuellen Marktpreisen. Der grüne Button zeigt den aktuellen Kaufpreis an, der rote Button den Verkaufspreis. Für Reseller lohnt sich der Einkauf über StockX eher nicht, da man dort Gebühren zahlen muss und die Chance auf wirkliche Schnäppchen eher gering sind. Die

Preise liegen in der Regel etwas über dem Marktwert, was den Einkauf unrentabel macht.

Zum Verkauf muss man auf den roten Button klicken. Im nächsten Schritt muss man die Größe auswählen und bestätigen. Im Anschluss bekommt man direkt den Betrag angezeigt, der nach Abzug der Gebühren von 12,5% ausgezahlt wird. Diese Gebühr richtet sich nach Anzahl der Verkäufe. Je mehr Paar Schuhe man verkauft, desto geringer wird sie. Wird der Schuh verkauft erhält man eine Benachrichtigung sowie ein bereits bezahltes Versandetikett per E-Mail. Nun muss man nur noch die Schuhe verpacken und innerhalb von 2 Tagen losschicken. Versäumt man diese 2-Tages-Frist wird eine Strafgebühr von 15$ fällig. Nach dem Versand heißt es erstmal abwarten. Die Schuhe landen zuerst im Authentifizierungslager in Holland. Dort werden sie von StockX noch einmal auf ihre Echtheit geprüft. Sollte es sich bei den eingeschickten Schuhen um einen Fake handeln, werden auch in diesem Fall 15$ Strafe fällig. Nach der erfolgreichen Authentifizierung wird die Auszahlung des Verkaufspreises veranlasst und die Schuhe werden von StockX direkt an den Käufer verschickt.

Man hat als Verkäufer also keinerlei Kontakt zum Käufer und bis auf das Abgeben des Paketes bei der Post auch kaum Arbeit mit dem Verkauf. Die Kommunikation mit potentiellen Käufern oder das Fotografieren der Schuhe übernimmt StockX ebenfalls. Da bei StockX noch die Verkaufsgebühr vom Kaufpreis abgezogen wird, ist der Gewinn beim Verkauf etwas kleiner. Der Verkauf ist dafür sehr stressfrei.

Klekt.de

Neben StockX existieren einige weitere Reseller-Plattformen mit fast identischen Angeboten. So kann man über Klekt.de oder Pluggi.de ebenfalls Sneaker kaufen und verkaufen. Klekt.de gibt es ebenfalls als App, Pluggi.de leider noch nicht.

Auch bei Klekt.de könnt ihr eure Sneaker einstellen und zum Verkauf anbieten. Im Wesentlichen funktioniert die Plattform genauso wie StockX.

Klekt.de fungiert bei allen Transaktionen als Mittelsmann. Nach dem Verkauf eures Sneaker, schickt ihr den Schuh zunächst zu Klekt.de. Das Unternehmen prüft den Schuh dann auf Echtheit, Qualität und Zustand. Wenn es sich um ein Original handelt und der Zustand einwandfrei ist, wird der Sneaker an den Käufer versendet. Im Anschluss erhält der Verkäufer das Geld aus dem Schuhverkauf direkt von Klekt.de.

Für den Service erhebt Klekt.de eine Gebühr, die auf den Verkaufspreis aufgeschlagen wird. Dadurch sind die zum Verkauf stehenden Sneaker dort immer etwas teurer für den Endverbraucher als bei privaten Inseraten über eBay oder Facebook Gruppen. Der Verkäufer zahlt für den Verkauf keine Gebühren. Derzeit dürfen auf Klekt.de jedoch nur private Verkäufer ihre Schuhe anbieten. Gewerbliche Anbieter werden derzeit noch nicht zugelassen.

The Brickz.de

Der Sneaker Onlinestore TheBrickz.de ist sehr empfehlenswert. Endkunden können dort direkt sicher einkaufen und für dich ist es ein guter Anlaufpunkt für den Verkauf deiner Schuhe, da thebrickz.de eine seriöse Seite ist, die faire Preise zahlt und zuverlässig auszahlt. Auf der Seite findet man ein Formular zum Verkauf und wie bei Klekt.de und Co. bekommt man ein Versandlabel zugesendet. Als bekannter Store ist thebrickz.de neben der Homepage selbstverständlich in den sozialen Netzwerken auf Facebook oder Instagram vertreten. Folg ihnen, um regelmäßig Informationen zu neuen Releases und Sneaker Angeboten zu erhalten.

Möchtest du deine Schuhe an den Mann beziehungsweise an die die Frau bringen, ist es ratsam, sie auf allen Plattformen anzubieten. Es kann durchaus vorkommen, dass der Marktpreis eines Schuhs bei StockX um 50 Euro niedriger ist als beispielsweise bei Klekt.de. Diese Differenz kann sich daraus ergeben, dass die Größe des Schuhs auf einer der Plattformen nicht erhältlich ist. Hier spielt wieder das Prinzip Angebot und Nachfrage eine Rolle.

Es kommt sehr selten vor, dass ein Schuh zeitgleich auf zwei Plattformen verkauft wird. Sollte es doch mal passieren, ist das auch kein Beinbruch.

Auf jeden Fall sollte man die Schuhe sofort nach einer Verkaufsbestätigung bei allen anderen Plattformen herausnehmen. Bei StockX ist der Verkauf sofort bindend, du musst also im Falle eines Verkaufs die Schuhe an StockX verschicken, sonst droht dir eine Strafe von 10% des Verkaufspreises.

Bei den beiden anderen Plattformen ist das nicht der Fall. Sowohl bei Pluggi.de als auch bei Klekt.de bekommt man nach einem Verkauf eine Nachricht zugeschickt, auf die man antworten muss, dass man die Schuhe auch definitiv verkaufen will. Sollte es also einmal zu einem doppelten

Verkauf kommen, kannst du die Schuhe einfach an StockX versenden und Pluggi.de absagen. Das gleichzeitige Anbieten auf allen drei großen Plattformen ist für dich also risikolos und erhöht deine Chance auf einen Verkauf.

Zwingend notwendig für den Verkauf auf einer Plattform ist der Originalkarton der Schuhe. Die Kaufrechnung zu haben, ist zwar immer schön, aber nicht zwingend notwendig. Hat man den Originalkarton, stehen einem alle Möglichkeiten zum Verkauf offen. Bereits bei den Einkaufsmöglichkeiten habe ich dir deshalb empfohlen, Schuhe mit Karton zu kaufen. Beachtet man das, kann man sie hinterher überall anbieten und man hat alle Optionen. Bei Schuhen mit geringerem Wert, also bis circa 200 Euro, macht der Ankauf ohne Karton keinen Sinn.

Bei höherpreisigen Schuhen kann es Sinn machen, wenn der Verkäufer im Gegenzug dazu bereit ist, einen Preisnachlass zu gewähren.

Manche Käufer, die den Schuh ohnehin ganz normal tragen möchten, legen keinen Wert auf den Karton. Wenn man Schuhe ohne Karton kauft, sollte man sich allerdings absolut sicher sein, dass es sich um keinen Fake handelt, sonst verliert man im schlimmsten Fall viel Geld. Es gibt einige, bei Instagram sehr erfolgreiche, Reseller, die sich auf ältere oder auch gebrauchte Schuhe spezialisiert haben. Bei diesen ist der Original-Karton oftmals ohnehin nicht mehr vorhanden, doch auch hier kann man gute Preise erzielen. Allerdings setzt diese Methode einiges an Erfahrung voraus und ist nicht unbedingt für Anfänger geeignet.

Eigener Online Shop

Eine weitere Möglichkeit des Schuhverkaufs ist der Verkauf über einen eigenen Online-Shop. Diese Art des Verkaufs ist aber nichts für Einsteiger im Reselling, denn dafür braucht es ein sehr gutes Netzwerk, viel Erfahrung und Geld. Nur professionelle hauptberufliche Reseller nutzen die Möglichkeit, deswegen möchte ich sie hier nur kurz am Rand erwähnen.

Wenn du dir einen eigenen Online Shop erstellen möchtest, ist Shopify eine gute Anlaufstelle. Shopify ist ein Homepage Baukastensystem zur Erstellung eines Online Shops. Solltest du keine Zeit und Lust haben, dir selbst einen Shop über Shopify zu bauen, kannst du dafür natürlich auch professionelle Hilfe in Anspruch nehmen. Auf Fiverr.com findest du Webdesigner, die dir gegen Bezahlung einen Shop einrichten können. Mit der Erstellung eines Shops ist es jedoch nicht getan. Der Shop muss rechtssicher sein und du benötigst AGBs und ein korrektes Impressum. Du musst außerdem ein Bezahlsystem integrieren und Informationen zu Versand und Stornierungen verfassen. Wenn alles richtig eingerichtet ist, musst du versuchen, regelmäßig Traffic auf deine Seite zu bringen. Dafür musst du Ads schalten und aktiv Marketing betreiben. Ich kann und will an dieser Stelle hier nicht weiter ins Detail gehen. Ein eigener Onlineshop erfordert in jedem Fall viel Zeit, Wissen und Geld. Einsteiger sollten davon erstmal Abstand nehmen.

Tipps und Tricks beim Versand

Beim Versand deiner Schuhe solltest du immer auf die Optik achten und dich dabei fragen, in welchem Zustand du deine Pakete erhalten möchtest.

Besonders bei höherpreisigen Schuhen sieht es nicht gerade professionell aus, wenn der Karton der Umverpackung eingerissen ist oder Löcher hat. Nimm also einen ordentlichen Karton und nicht gerade den, der seit Wochen zerknittert und zerrupft in der Ecke rumliegt. Empfehlenswert ist auch auf jeden Fall ein Online-Account bei der Deutschen Post. Dafür ist keine Gewerbeanmeldung erforderlich, die Registrierung ist kostenlos und geht schnell. Mit diesem Online-Account kannst du deine Pakete bereits zu Hause komplett fertigstellen und sparst durch die Online-Frankierung pro Paket zwischen 2 und 3 Euro. Da deine Absenderadresse im Account hinterlegt ist, sparst du dir bei jedem Paket die erneute Eingabe und somit auch Zeit.

Das Etikett wird nach Fertigstellung einfach ausgedruckt und auf das Paket geklebt. Dabei ist es nicht nötig, selbstklebende Etiketten zu verwenden. Normales, weißes Papier und Klebeband sehen ebenfalls professioneller aus als mit der Hand ausgefüllte Etiketten. Solltest du Reselling irgendwann mal hauptberuflich betreiben, kannst du einen gewerblichen Account bei DHL beantragen. Die Konditionen für Geschäftskunden sind noch etwas günstiger als die normale Online-Frankierung, allerdings rechnet sich das erst bei vielen Paketen.

Eine kleine Aufmerksamkeit im Paket zaubert den Käufern ein Lächeln ins Gesicht und kann dafür sorgen, dass sie gerne wieder bei dir kaufen. Eine kleine Gummibärchentüte reicht als Aufmerksamkeit aus. Wenn du dir richtig viel Mühe geben möchtest, kannst du noch eine kleine Karte dazulegen, auf der du dich persönlich für den Einkauf bedankst und viel Spaß mit den Schuhen wünschst.

Zusätzlich kannst du den Kunden auf dieser Karte noch auf deine Instagram oder Facebook Seite hinweisen. Vielleicht hast du bald einen Follower mehr.

Kapitel 5 | Risiken beim Reselling

Wenn du vorhast in das Reselling Business einzusteigen, solltest du dir vorher bewusst machen, dass das Reselling auch gewissen Risiken mit sich bringt. Auch wenn du alle Tipps aus diesem Buch befolgst, gibt es keine Garantie, dass ein von dir gekaufter Schuh im Wert steigt. Genau wie bei einer Aktie kann niemand die Wertentwicklung seriös einschätzen.

Du musst also auch immer damit rechnen, dass sich der Wert eines Schuhs anders entwickelt als von dir erhofft und angenommen. Im schlechtesten Fall kann es auch passieren, dass der Wert eines Schuhs sehr stark fällt.

Adidas brachte beispielsweise einen Yeezy Boost in einer sehr kleinen Limitierung heraus. Der Schuh wurde in diesem Colourway der absolute Renner, die Preise stiegen auf über 1000 Euro. In der Erwartung einer Wertsteigerung kaufte ein mir bekannter Reseller gleich 50 Paare des Schuhs, zu je 1000 Euro. Ein halbes Jahr später brachte Adidas einen Restock dieses Schuhs in einer sehr hohen Stückzahl heraus. Daraufhin brachen die Preise rapide ein und lagen zeitweise nur noch bei 300 bis 400 Euro. Das war für den Reseller ein massives Verlustgeschäft.

Natürlich ist auch eine extrem positive Wertentwicklung möglich, wie etwa beim Nike Air Force. Nike brachte einen Sneaker mit einer aufgedruckten philippinischen Flagge heraus. Erst nach dem Release wurde bemerkt, dass diese Flagge falsch herum aufgedruckt war. Nike stoppte daraufhin den Release und die Preise für die bereits verkauften Paare gingen durch die Decke.

Breite Streuung minimiert das Risiko

Achte als Einsteiger darauf, beim Schuhkauf nicht gleich alles auf eine Karte zu setzen. Du kannst das Risiko erheblich minimieren, indem du dein investiertes Geld etwas breiter streust. Kauf also keine hohe Stückzahl von einem einzigen Model, sondern investiere lieber in verschiedene Modelle und Colorways. Durch die Streuung verminderst du dein Risiko erheblich.

Fang klein an!

Wenn du noch am Angang stehst, solltest du deine Ziele nicht zu hoch setzen. Konzentriere dich zunächst auf kleinere Transaktionen mit weniger Gewinnmarge. Hier ist die Fallhöhe und der Kapitaleinsatz nicht so hoch, wie bei sehr teuren Schuhen. Sollte mal einer deiner Schuhe im Wert abstürzen, wird es für dich eher verschmerzbar sein. Bleib dann ruhig. Es kommt auch immer wieder vor, dass sich der Wert eines Schuhs nach einer bestimmten Zeit wieder erholt.

Je öfter du solche Verkäufe durchgeführt hast, desto mehr bekommst du ein Gefühl dafür und entwickelst eine gewisse Routine. Nebenbei baust du ein kleines Netzwerk auf und gewinnst erste Kunden, die eventuell noch häufiger bei dir kaufen. So baust du dir mit der Zeit einen Kundenstamm auf.

Das Verkaufen nicht vergessen

Schuhkäufe binden dein Kapital. Achte darauf, dein festgelegtes Kapital niedrig zu halten, damit du noch genug liquide Reserve hast, mit der du arbeiten kannst, wenn sich spontan eine gute Gelegenheit für einen Einkauf ergibt. Dies wird dir nur gelingen, wenn du hin und wieder auch mal einen Schuh verkaufst.

Schuhe gehen mit der Zeit kaputt

Selbst bei optimalen Lagerbedingungen gehen Schuhe nach einer gewissen Zeit kaputt. Nach einigen Jahren löst sich der Kleber, das Leder wird porös und die Farben verblassen. Wann genau das passiert, ist nicht nur von den Lagerzuständen, sondern auch vom jeweiligen Schuh und seiner Verarbeitung abhängig. Spätestens nach zehn Jahren sieht man aber bei jedem Schuh die ersten Verfallserscheinungen. Ich rate dir, nicht unendlich lange an einem Schuh festzuhalten. Wenn bei einem Schuh die ersten Alterserscheinungen auftreten, ist es an der Zeit diesen Schuh weiterzuverkaufen.

Kapitel 6 | Ausblick

Sneakers sind in den letzten Jahren in nahezu allen Altersklassen immer beliebter geworden. Immer mehr Menschen haben Interesse an ihnen, was den Markt weiterhin wachsen lässt. Es ist sehr wahrscheinlich, dass dieser positive Trend weiterhin anhält.

Sneaker sind inzwischen massentauglich geworden und viele Menschen hegen den Wunsch, ein Modell zu tragen, dass nicht jeder Zweite in der Fußgängerzone trägt. Aufgrund dieser Einstellung vieler Käufer ist der Absatzmarkt für Reseller deutlich besser als früher.

Aufgrund der Digitalisierung ist das Reselling heutzutage einfacher geworden. Das liegt zum einen an einem wesentlich größeren Angebot an Plattformen für das Reselling und für den Netzwerkaufbau, zum anderen ist es inzwischen sogar möglich, mit ganz normalen Paaren, die beim lokalen Snipes oder Footlocker Händler gekauft werden können, Reselling zu betreiben. Besonders für Reselling - Einsteiger bietet der Markt heute wesentlich bessere Chancen als früher.

Gerade als kurz- oder mittelfristige Wertanlage sind Sneakers eine gute Investition. Als langfristige Wertanlage sind Sneaker, aufgrund der Verfallserscheinungen, eher ungeeignet.

Vergleicht man die Renditechancen von Sneaker mit einem Aktienfond mit moderatem Risiko, kann man beim

Fond mit einer Rendite von 6-8% pro Jahr rechnen. Mit dem richtigen Sneaker sind innerhalb eines halben Jahres durchaus 50% oder sogar mehr möglich.

Allerdings braucht es für solche Renditen Know-How, Erfahrung und auch ein wenig Glück.

Loslegen!

Das Sneaker Business ist vor allem zu Beginn kein ganz leichtes Geschäftsmodel. Wie jedes Geschäftsmodel erfordert auch das Sneaker Business vollen Einsatz und Beharrlichkeit. Vielleicht klappt zu Beginn nicht gleich alles so, wie Sie es sich vorstellen. Viele Menschen geben dann irgendwann zu schnell auf. Sie suchen sich neue, leichter erreichbare Ziele oder sie werden ohne Herausforderungen antriebslos und passiv.

Ich möchte Ihnen eine kleine Geschichte erzählen, die mir immer hilft in schwierigen Zeiten neue Motivation zu finden:

Vor einigen Jahren sah ich den faszinierenden Film „Der große Trip“ mit Reese Witherspoon in der Hauptrolle. Im Film geht es um die Geschichte von Cheryl Strayed, die sich vor einigen Jahren allein über den Pacific Crest Trail kämpfte. Dieser Trip sollte Ihr Leben verändern.

Grundlage für den Film war das autobiographische Buch von Cheryl Strayed, dass sich im Jahr 2012 mehrere Wochen in der Bestsellerliste der „New York Times“ hielt.

Cheryl Strayed, im Film gespielt von Reese Witherspoon, hatte 1995 alles verkauft, was sie hatte, um drei Monate auf dem Pacific Crest Trail zu wandern. Nachdem ihre Mutter mit 45 Jahren an Lungenkrebs gestorben war und ihre Ehe gescheitert war, stieß sie an ihre eigenen Grenzen. Sie wusste in ihrer Verzweiflung und ihrer Trauer nicht wie sie weiterleben sollte. Um die Schmerzen zu dämpfen betäubte sie sich mit Heroin, Alkohol und Sex Eskapaden mit vielen verschiedenen Männern. Als sie am Tiefpunkt angekommen war, fiel ihr zufällig ein Buch über den Pacific Crest Trail in die Hände. Sie beschloss daraufhin, ihr Leben zu ändern und brach auf, um drei Monate über den Pacific Crest Trail zu wandern. Sie hatte keinerlei Wandererfahrung und war körperlich in keinem guten Zustand.

Der Pacific Crest Trail ist ein 4300 Kilometer langer Fernwanderweg an der nordamerikanischen Westküste. Er ist ein schwieriger Wanderweg, bei dem die Wanderer extremen klimatischen Bedingungen in unterschiedlichen Höhen ausgesetzt sind.

Cheryl packte also ihren Rucksack, den sie liebevoll „Monster“ nannte, und wanderte los. Im Film kann man gut erkennen, wie riesig der Rucksack war, da Cheryl zu viele Dinge eingepackt hatte, die sie gar nicht für die Wanderung benötigte. Einunddreißig Kilo wog ihr Rucksack zu Beginn der Tour.

Cheryl wurde auf eine harte Probe gestellt. Die extreme körperliche Anstrengung hatte aber gleichzeitig auch Gutes bewirkt. Sie registrierte auf der Wanderung, wie viel an Schmerzen sie aushalten konnte. In erster Linie waren es physische Schmerzen. In einem Interview mit Spiegel Online berichtete sie darüber, wie sie schon nach elf Tagen aufgeben wollte. Doch sie hielt durch, da sich ihre Grenzen immer weiter nach hinten verschoben.

Zu den physischen Schmerzen kamen die psychischen Leiden hinzu. Der Tod ihrer Mutter und die gescheiterte Ehe schmerzten ebenfalls bei jedem Schritt. Doch Cheryl konnte ihre Grenzen überwinden und wanderte einfach weiter, ohne gedanklich von diesen Ereignissen erdrückt zu werden. Sie verharrte nicht in der Vergangenheit.

Wir werden alle in unserem Leben verletzt und wir haben dennoch die Pflicht zu wachsen und glücklich zu werden. Vor allem haben wir diese Pflicht uns Selbst gegenüber.

Cheryl löste diese Herausforderung, indem sie viele hunderte Kilometer wanderte. Sie musste dafür täglich ihre Grenzen überschreiten.

Wer bestehende Barrieren einreißen möchte, muss seine Einstellung verändern. Die Einstellung zu verändern kann manchmal schnell gehen. Oft reicht es, sich bewusst zu machen, wie irrational vorhandene Befürchtungen und Ängste sind.

Cheryl trug ihren schweren Rucksack über Berge und weite Schneefelder. Da sie vollkommen untrainiert gestartet war, tat ihr zu Beginn der Wanderung alles weh. Zunehmend begann der Körper sich jedoch an die hohen körperlichen Belastungen anzupassen, indem er stärker und fitter wurde. Cheryl schaffte es so, immer mehr Kilometer pro Tag zu gehen. Sie pulverisierte ein Limit nach dem anderen und ihre Grenzen verschoben sich mit jedem Tag aufs Neue.

Für mich ist die Geschichte von Cheryl Strayed ein wunderbares Beispiel, wie sich Grenzen auflösen, wenn wir sie schlicht ignorieren und einfach weitermachen.

Ob wir erfolgreich sind und unsere Grenzen sich verschieben, hängt nur von einem ab:

Unserem Willen.

Haben Sie den Willen Ihre persönlichen Ziele zu erreichen?

Wenn Sie den Willen dazu haben, Ihre gesteckten Ziele zu erreichen, werden Sie sich die Fähigkeiten, die Sie dafür benötigen, auf dem Weg dorthin aneignen. So verschieben sich Ihre Grenzen immer mehr in Richtung Ihrer Ziele.

Thomas Edison hätte die Glühlampe nie erfunden, wenn er nach den ersten Fehlschlägen direkt aufgegeben hätte. Doch Edison gab nicht auf. Er wusste um sein Wissen und sein Können und glaubte fest daran, eine elektrische Glühlampe erfinden zu können. Ergebnisse stellten sich ein und schließlich schaffte er es. Natürlich geht nicht alles von heute auf morgen. Aber die meisten Ziele können erreicht werden, wenn man über einen längeren Zeitraum regelmäßig an ihnen arbeitet.

Was wir an diesen Beispielen erkennen können:

Grenzen sind nicht starr, sondern flexibel. Sehr häufig geben wir uns unsere Grenzen auch selbst vor. Wir können Grenzen überwinden, wenn wir Gedanken, Kreativität und viel Arbeit zu deren Überwindung aufbringen.

Häufig haben Menschen auch Ausreden und Entschuldigungen parat, wenn es um die Überwindung ihrer eigenen

Grenzen geht. Man könne nichts tun, nicht weiterkommen, weil da sei ja diese Grenze. Es mache also keinen Sinn, es zu versuchen und sich anzustrengen. Man habe ja eh keine Chance. Schließlich würde man nur an die Grenzen stoßen, die alles verhindern. Doch was sind die wahren Gründe für die selbst gewählte Vermeidungstaktik?

Es sind die beiden Erfolgsverhinderer Faulheit und Angst. Sie hindern uns daran, unsere selbst gesteckten Grenzen zu überwinden.

Wer nicht versucht, seine Grenzen zu verschieben, wird keine Fehler machen und auch keine Rückschläge erleiden. Es ist der einfache Weg. Da man kein Risiko eingehen will, ist die Gefahr zu scheitern und die Angst davor nicht existent.

Allerdings verhindert man mit dieser Denkweise seinen Erfolg und man wird niemals das Gefühl bekommen, eine schwere Aufgabe gelöst zu haben. Grenzen, die wir uns zum eigenen Schutz ziehen, engen uns wahnsinnig ein. Man redet sich klein, also bleibt man klein. Wer nichts wagt, kann auch nichts gewinnen.

Lassen Sie sich nicht entmutigen, wenn es mal nicht so gut läuft und glauben Sie weiter an Ihren Weg. Verlieren Sie keine Zeit und starten Sie am besten noch heute. Das Sneaker Business hat enorm viel Potential und bietet auch Einsteigern die Gelegenheit nebenberuflich Geld zu verdienen. Ich wünsche dir dabei alles Gute.

Anhang

Stores Deutschland:

- Solebox (Berlin & München)
- Overkill (Berlin)
- 43einhalb (Fulda & Frankfurt)
- Asphaltgold (Darmstadt)
- BSTN (Hamburg & München)
- Allike (Hamburg)
- Suppa (Stuttgart)
- Afew (Düsseldorf)
- Glory Hole (Hamburg)
- Sneakersnstuff (Berlin)
- Kickz (Berlin, Hamburg, München & Stuttgart)

Skatestores (für Dunks):

- Orangejungle (Erfurt)
- Arrow and Beast (Stuttgart)
- Zupport (Trier)
- Blowout (Würzburg)
- Outback (Sylt)
- Skatedeluxe (Hamburg)
- Lobby (Hamburg)
- Civilist (Berlin)
- Bonkers (Frankfurt)

Stores Europa:

- AW Lab (Italien)
- Slam Jam Socialism (Italien)
- Patta (Niederlande)
- Chmielna20 (Polen)
- Footshop (Tschechien)
- Footdistrict (Spanien)
- Solebox (Amsterdam, Wien, Brüssel)
- End Clothing (Großbritannien)
- Titolo (Schweiz)
- Shinzo (Frankreich)
- Sneakersnstuff (London, Paris & Stockholm)
- Offspring (Großbritannien)
- Sivasdescalzo (Spanien)
- Luisaviaroma (Italien)
- Galarie Lafayette (Frankreich)
- Consortium (Großbritannien)
- Courir (Frankreich)
- Starcow (Paris)

Weitere Onlineshops:

- Adidas
- Nike
- Snipes
- Zalando
- Footlocker
- Defshop

Resellseiten und -stores:

- TheBrickz (Bielefeld)
- Hypeneedz (München)
- Vaditim (Berlin)
- Solefood (München)
- Klekt (Online)
- StockX (Online)
- Pluggi (Online)
- Goat (Online)
- WeTheNew (Online)

Sneakerblogs (DE):

- Deadstock Sneakerblog
- Sneakerb0b
- Snkraddicted
- Snkrempire
- Sneakerjagers
- Sneakerzimmer

Sneakerblogs (WW):

- Sneakernews
- Sneakerfreakermag
- Complex Sneakers
- Sneakerfiles
- Hypebeast
- Sneakermyth

Facebookgruppen:

- Sneaker-Stammtisch
- 7 Perplex
- Onesizerunplease
- Verband Botanischer Gärten
- Sneaker Flohmarkt
- Sneakerholics
- The Basement (UK)

Relevanteste Modelle für Resell (Nike):

- Air Max 1
- Air Max 90
- Air Jordan 1 (Low/Mid/High)
- Air Jordan 3
- Air Jordan 4
- Air Jordan 5
- Dunk (Low/High)
- Nike x Off-White Collaborationen
- Nike x Travis Scott Collaborationen

Relevanteste Modelle für Resell (Adidas):

- Yeezy Boost 350
- Yeezy Boost 350 V2
- Yeezy 500
- Yeezy Boost 700
- Yeezy Boost 700 V2
- Yeezy Boost 700 V3
- Yeezy Boost 750
- Yeezy Slides